이그노벨상 읽어드립니다

초판 1쇄 발행 2022년 6월 10일

지은이 김경일 · 이윤형 · 김태훈 · 사피엔스 스튜디오

펴낸이 조기흠
기획이사 이홍 / **책임편집** 정선영 / **기획편집** 유소영, 임지선, 박단비, 전세정
마케팅 정재훈, 박태규, 김선영, 홍태형, 배태욱, 임은희 / **제작** 박성우, 김정우
교정교열 조민영 / **디자인** 문성미

펴낸곳 한빛비즈(주) / **주소** 서울시 서대문구 연희로2길 62 4층
전화 02-325-5506 / **팩스** 02-326-1566
등록 2008년 1월 14일 제 25100-2017-000062호

ISBN 979-11-5784-586-6 03180

이 책에 대한 의견이나 오탈자 및 잘못된 내용에 대한 수정 정보는 한빛비즈의 홈페이지나
이메일(hanbitbiz@hanbit.co.kr)로 알려주십시오. 잘못된 책은 구입하신 서점에서 교환해드립니다.
책값은 뒤표지에 표시되어 있습니다.

hanbitbiz.com **facebook.com/hanbitbiz** **post.naver.com/hanbit_biz**
youtube.com/한빛비즈 **instagram.com/hanbitbiz**

Published by Hanbit Biz, Inc. Printed in Korea
Copyright © CJ ENM & Hanbit Biz, Inc.
이 책의 저작권은 CJ ENM과 한빛비즈(주)에 있습니다.
저작권법에 의해 보호를 받는 저작물이므로 무단 복제 및 무단 전재를 금합니다.

지금 하지 않으면 할 수 없는 일이 있습니다.
책으로 펴내고 싶은 아이디어나 원고를 메일(hanbitbiz@hanbit.co.kr)로 보내주세요.
한빛비즈는 여러분의 소중한 경험과 지식을 기다리고 있습니다.

대한민국 대표 심리학자들이
엄선한 기발한 연구들

이그노벨상
읽어드립니다

김경일 이윤형 김태훈 ✕ 사피엔스 스튜디오

HB 한빛비즈
Hanbit Biz, Inc.

해학과 풍자가 넘치는 재미있는 생각거리들

꽤 오래전부터 저는 재미있는 메시지를 담은 연구가 수준이 떨어질 것이라는 생각이 유난히 마땅치 않았습니다. 그래서인지 인지심리학자인 저의 위시 리스트 중 하나가 바로 '이그노벨상'을 수상하는 것입니다. 해학과 풍자가 넘치는 연구에만 주어진다는 이그노벨상 말입니다.

첫 번째 이유는 제가 심리학자이기 때문입니다. 심리학은 사람의 마음에 관한 학문이고 따라서 사람을 떠나서는 존재할 수 없습니다. 그러니 이그노벨상이야말로 가장 큰 훈장이 아닐까요? 두 번째 이유는 거의 모든 이그노벨상 연구가 많은 연구자들의 협동과정을 통해 이루어지기 때문입니다. 이런 기발한 연구들은 혼자만의 힘으로 되는 경우가 거의 없습니다. 마지막으로 세 번째 이유는 매우 현실적인데, 노벨상에 심리학 부문이 없기 때문입니다(물론 아주 가끔 노벨 경제학상을 수상하는 심리학자가 있기는 합니다).

하지만 사실 위의 이유들은 모두 그저 핑계일 뿐입니다. 이그노벨상을 수상한 연구들은 다른 사람들에게 그 내용을 전달할 때 그 사실만으로 그저 즐겁고 재미있습니다. 사실 이게 다입니다. 그런데 "이 논문 이그노벨상 받은 연구야!"라고 말을 건넸을 때 동료 심리학자들의 반응은 늘 분명하게 둘로 나뉩니다. "오! 그래? 어디 한번 볼까? 재미있겠네!"라고 호기심을 보여주는 심리학자들이 있는 한편, "그래서 뭐 어쩌라고?"라며 심드렁한 반응을 보이는 심리학자들이 있습니다.

　물론, 둘 중 어떤 반응을 보인다 하더라도 그 사람의 연구자나 학자로서의 자질과는 별 상관이 없습니다. 아니 없어야 하죠. 하지만 분명한 건 전자의 반응을 보이는 심리학자는 저와 친하다는 겁니다. 하지만 후자는 별로 안 친합니다. 신기하게도 그렇습니다. 유유상종이라더니 비슷한 사람들끼리 친해지는 거야 당연한 이치인가 봅니다.

　그러던 와중, 정말 가까운 후배이면서도 연구에서만큼은 선배인 저보다 더 많은 가르침을 주는 유쾌한 두 인지심리학자와 함께, 이 프로젝트가 자연스럽게 시작됐습니다. 영남대 심리학과 이윤형 교수와 경남대 심리학과 김태훈 교수가 바로 그 주인공입니다. "우리 한번 이그노벨상 받은 연구들을 한국 독자들에게 소개해보자!"라는 이 다소 엉뚱한 발상에, 두 사람은 1초도 망설이지 않고 "재미있겠어요!"라며 동참을 선언했습니다.

논문을 선정하고 실험 내용을 세밀하게 개관하며, 이를 통해 우리가 가질 수 있는 메시지와 교훈을 생각해보는 과정 어느 하나도 쉬운 것은 없었습니다. 하지만 자신의 시간과 노력을 아낌없이 써준 두 사람에게 느낀 고마움과 동지의식을 어찌 다 말과 글로 할 수 있을까요.

하지만 이 모든 것은 〈사피엔스 스튜디오〉가 없었다면 불가능한 일이었습니다. 선장인 정민식 PD와 일등 항해사인 김민수 PD는 이그노벨상이라는 배를 앞으로 나아가게 만드는 함대 지휘부였습니다. 더불어 이 배에는 밤을 새워가며 어색한 부분을 바로잡고 중요한 부분을 생동감 있게 살려준 김명희 PD, 서용석 PD, 김은희 PD가 있었습니다. 이들은 언젠가부터 우리 세 심리학자들이 무슨 생각을 하는가를 정확히 화면 속에 그려냈으며, 〈이그노벨상 읽어드립니다〉에 생명력을 불어넣는 마법사 역할을 해주었습니다. 또한 홍지해 작가는 이 모든 것의 처음부터 끝까지를 아우르며 말과 글 한마디 한마디에 흥미와 근거 모두를 담아냈습니다.

어느 지인으로부터 최근 참으로 재미있는 말을 들었습니다. "창작은 일류가 하고, 비평은 이류가 하며, 비판은 삼류가 한다."

이그노벨상을 수상한 모든 연구의 연구자들은 정밀한 연구를 창작의 반열에 올린 사람들이라 불러 마땅합니다. 우리에게 이 재미있는 생각거리들을 준 그들에게 깊은 감사와 존경의 인사를 건넵니다. 언젠가는 우리 세 사람과 〈사피엔스 스튜디오〉의 이그노벨상 수상도 언감생심이지만 감히 한번 꿈꾸어봅니다.

아주대 율곡관 501호에서
공저자 〈사피엔스 스튜디오〉를 향한 존경과 감사의 마음을 담아

인지심리학자 김경일

차례

일러두기

| 이 책은 유튜브 〈이그노벨상 읽어드립니다〉를 책으로 엮은 것으로, 출연자는
세 명이지만 편의상 책의 화자는 한 명으로 설정했습니다.

이그노벨상이란?

　'이그노벨상'이라고 들어본 적이 있으십니까? 요즘은 아시는 분도 꽤 있는 것 같습니다. 명칭만 보면 자연스럽게 노벨상이 떠오르지만, 안을 들여다보면 노벨상과는 달리 전혀 진지한 상이 아닙니다. 미국 하버드대학교에서 발간하는 유머 과학잡지 〈기발한 연구연감Annals of Improbable Research〉에서 1991년에 노벨상을 패러디해 만든 상이죠.

　물론 노벨상도 기발한 연구라고 할 수 있습니다. 그러나 노벨상은 보통 전문적이고 체계적인 연구 업적이 축적되어 그 지식이 인류 발전에 큰 공헌이 된다고 여겨지는 연구와 연구자에게 수여합니다.

　마크 에이브러햄스의 《이그노벨상 이야기》라는

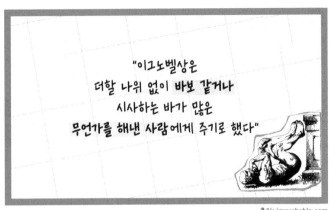

책에서는 이 상을 이렇게 설명합니다. "더할 나위 없이 바보 같거나 시사하는 바가 많은 무언가를 해낸 사람에게 주기로 했다. 이러한 업적들 중에는 소름 끼치게 바보 같은 것도 있을 것이다. 어떤 것들은 바보스러울 만큼 훌륭하고 심지어 중요한 것으로 판명될지도 모를 일이었다."

"사람들을 웃게 하고 이후 생각하게 하라!"

기발하고 남다른 생각, 통렬한 풍자나 기상천외한 해석이 담긴 논문, 재미있지만 어떤 의미에서는 다른 사람들이 하지 않았으면 좋겠다 싶은 연구에 주는 상이 바로 이그노벨상입니다. 우리나라의 가수들에 비교하자면 노벨상은 조용필에, 이그노벨상은 유재하에 비교할 수 있습니다. 조용필은 수십 년에 걸쳐 몇 집에 달하는 음반과 주옥같은 명곡들을 낸 명실공히 대한민국의 가왕이라 할 수 있죠. 이처럼 노벨상은 단 한 번의 번뜩이는 논문으로는 받을 수 없고, 오랜 세월에 걸쳐 집대성한 방대한 연구의 결과물에 주는 것입니다. 40세 전에 노벨상을 받기가 힘들다는 점만 봐도 그 규모나 의미를 잘 알 수 있습니다. 반면 유재하는 단 하나의 앨범만 내고 요절했지만, 그 하나만으로도 많은 사람들이 찬사를 보냅니다. 이런 점이 이그노벨상의 성격을 단적으로 보여준다고 할 수 있습니다.

사실 앞에서 이그노벨상이 노벨상과는 전혀 관련이 없다고 얘기했지만, 반드시 그렇다고 볼 수도 없습니다. 이그노벨상 위원회는 〈기발한 연구연감〉의 편집진을 비롯해 노벨상 수상자를 포함한 상당히 많은 과학자, 기자 등으로 구성됩니다. 대부분은 이 위원회가 수상자를 선정하고, 자기가 자기를 추천하는 것도 가능합니다. 최종적으로는 거리의 시민들이 투표를 해서 수상자를 선정하는 것이 전통이라고 합니다. 이렇게 볼 때 이그노벨상의 주제들은 많은 사람들이 관심을 가지는 것에 초점을 맞추었다고 볼 수 있습니다.

이그노벨상 시상식의 특이한 점은 첫째, 상금이 없다는 것입니다. 시상식에 가려면 자비를 들여야 하죠. 또한 수상 소감을 길게 이야기하면 관중석에서 대놓고 '이제 지겨우니 그만하라'는 목소리가 터져 나오기도 합니다. 이것은 물론 재미를 위한 것이죠. 실제 시상식 장면을 보면, 시상식을 그렇게 즐기는 사람들이 이상해 보일 정도로 다들 즐거워합니다.

다음으로 시상식에는 반드시 노벨상 수상자가 참석하고 시상자로 나서기도 한다는 점이 재미있습니다. 노벨상 수상자들도 이그노벨상을 굉장히 흥미롭게 생각한다는 걸 알 수 있죠. 1993년 노벨 생리의학상을 수상한 리치 로버츠Rich Roberts와 2007년 노벨경제학상의 주인공인 에릭 매스킨Eric Maskin이 시상식에 참석한 적이 있는데, 심지어 이들은 자신이 노벨상을 받을 때보다 이그노벨상을 시상할 때 더 좋아하고 즐거워했다고 합니다.

우리나라 언론에서는 역대 이그노벨상 수상자가 얼마나 많은 노벨상을 수상했느냐를 거론함으로써 이그노벨상의 권위를 설명하기도 합니다. 실제 그런 사례가 있습니다. 2000년 개구리 공중부양 실험으로 이그노벨상을 수상한 러시아의 물리학자 안드레 가임Andre Geim이 그 주인공입니다. 그는 2010년 셀로판테이프를 붙였다 뗐다 반복하는 간단한 방법으로 꿈의 신소재로 불리는 그래핀(graphene, 탄소원자로 이루어진 얇은 막)을 추출해 노벨물리학상을 수상했습니다. 이그노벨상이 다소 장난스럽고 엉뚱한 면이 있기는 해도, 연구자의 위상이나 연구 내용이 마냥 허접하다고 볼 수만은 없는 것이죠. 비연구자들이 이그노벨상을 수상하는 사례도 꽤 있는데, 그런 경우에는 연구자나 연구 자체가 명예롭지 못할 가능성이 커서 시상식에 참석하지 않는 경우도 있다고 합니다.

심리학자이자 경제학자인 대니얼 카너먼Daniel Kahneman은 2002년에 노벨경제학상을 수상했는데, 노벨상을 받으니 참 좋지 않냐는 질문에 사석에서 '별로 안 좋다'고 이야기했답니다. 사실 노벨상이란 것이 모든 상의 최종 목적지 같은 상이다 보니, 노벨상을 받고 나면 이후에는 어디서도 상을 주지 않는다는 거예요. 반면 이그노벨상을 수상했다고 하면 이후로 더 많은 분야에서 상을 받고, 심지어 노벨상을 받을 수 있는 가능성도 생기는 거죠.

**황당하지만
흥미로운 연구에 바치는**

최근 이그노벨상 수상 내역을 살펴보면 먼저 2015년에 미국에서 벌에 쏘이면 어디가 가장 아픈지 200회에 걸쳐 실험한 뒤 가장 아픈 부위를 알아낸 실험이 있습니다. 2016년에 독일에서는 몸의 왼쪽이 가려울 때 거울을 보면서 오른쪽을 긁으면 가려움이 사라진다는 연구도 있었습니다. 2017년에는 프랑스에서 '고양이 액체설'이라는 주장이 나왔고, 같은 해에는 한국인 수상자도 나왔습니다. 수상자 한지원 씨는 민족사관고 재학 시절 연구한 '커피잔을 들고 뒷걸음질 칠 때 커피가 어떻게 출렁이는지'라는 주제로 상을 받았습니다. 2018년에 미국에서는 롤러코스터를 타면 신장 결석을 제거할 수 있다는 연구도 나왔죠.

이그노벨상의 수상 기준은 '다시는 할 수도 없고 해서도 안 되는 업적'입니다. 이그노벨상 중에 기억에 남는 상을 꼽으라면 먼저 2000년 통일교의 합동결혼식을 들 수 있습니다. 인구 증가와 소비 촉진에 기여했다는 뜻에서 이그노벨 경제학상을 받았는데, 이 상이 갖고 있는 대상자 선정의 다양성과 한계를 모르는 상상력을 실감할 수 있습니다. 이 경우는 개인의 연구 업적이 아니라 기발한 아이디어 측면에서 선정된 것이라고 할 수 있습니다.

실제 연구한 내용을 바탕으로 했으면서 재미도 있었던 것은 1999년에 이그노벨 물리학상을 받은 '비스킷을 차에 적시는 최고의 방법'입니다. 차에 비스킷을 찍어 먹을 때 어떻게 해야 가장 맛있는지를 상당히 과학적으로 엄밀하게 연구했습니다. '맛'이라는 것은 어떤 절대적 기준이 없고 개인마다 다 다른데, 이 연구자는 '절대적인 맛'이 존재한다고 주장했습니다.

예를 들어 이 연구자는 비스킷을 레모네이드에 찍어 먹으면 맛이 없다고 단정합니다. 하지만 다른 사람은 맛있다고 느낄 수도 있습니다. 그렇다면 그 사람의 취향이 이상한 걸까요? 이 문제는 우리나라에서 언제나 뜨거운 논쟁을 불러일으키는 '탕수육은 찍먹인가 부먹인가'라는 문제를 떠올리게 합니다. 《튀김의 발견》이라는 책에서 저자는 튀김을 과학적으로 분석하면서, 과학자의 입장에서는 '부먹이 정답'이라고 말하고 있습니다. 탕수육은 애초에 소스를 잘 흡수하게끔 만들어진 음식이기 때문에 소스가 적당히 스며들어야 더 맛있게 먹을 수 있다는 것이죠. 하지만 저자도 밝히고 있듯이 취향에 절대적으로 옳은 것은 있을 수 없습니다. 어쨌든 우리가 일상에서 어떤 과학적 원리를 적용해볼 생각을 하지 못했던 문제들을 과학의 영역으로 끌고 들어와 분석했다는 점에서, 이런 연구들은 황당하지만 흥미롭다고 볼 수 있습니다.

한편 어이없는 이그노벨상도 있습니다. 학자도 아닌데 1994년 이그노벨 심리학상을 받은 싱가포르의 전 총리가 주인공입니다. 그는 "민주주의보다는 규율과 훈련이 필요하다고 생각"하여 침 뱉기, 껌 씹기, 비둘기 모이주기 등을 금지하는 법률을 입안했습니다. 20년 넘게 싱가포르의 총리로 재직한 리콴유는 전 국민을 대상으로 학습심리학 교과서에나 나올 법한 이론을 테스트했습니다. 학습심리학에서는 사회에 어떤 규칙을 적용할 때 처벌보다는 어떤 행동을 하도록 동기를 부여해주는 '강화'가 더 중요하다고 말합니다. 즉 규칙을 어겼을 때 처벌을 강조하기보다는 규칙을 잘 지켰을 때 보상을 부각시켜야 더 효과가 있다는 것이죠. 그런데 리콴유 전 총리는 전 국민을 처벌의 원리로 교화시키겠다는 실험을 한 것입니다. 이런 의미에서 이그노벨상 주최측은 "전 국민을 상대로 20년에 걸쳐 그 효과를 연구한 노고에 이 상을 수여한다"고 선정 이유를 밝혔습니다.

싱가포르는 여행을 가도 왠지 긴장하게 되는 나라입니다. 거리에 껌이나 침만 뱉어도 어마어마한 벌금을 물어야 하니까요. 문제는 이렇게 처벌이라는 수단에 지속적으로 노출되면 사람이 무기력해진다는 것입니다. 만약 리콴유 전 총리가 지속적이고 강력한 처벌을 통해 사람들을 얼마나 무기력하게 만들 수 있을지 미리 계산하고 이런 정책을 펼쳤다면, 사실 조금 오싹한 면이 있습니다.

그런가 하면 사람들에게 용기를 주는 이그노벨상도 있습

니다. UCLA의 대니얼 오펜하이머Daniel Oppenheimer 교수는 난독증 환자가 정상적인 사람보다 특정 문제를 더 잘 푼다는 연구로 2006년 이그노벨 문학상을 수상했습니다. 우리나라에서 많은 독자들에게 사랑받는 말콤 글래드웰이 자신의 저서 《다윗과 골리앗》에서 오펜하이머의 이 연구를 소개하기도 했습니다.

오펜하이머는 "야구방망이와 야구공을 합쳐 1달러 10센트이고, 방망이가 공보다 1달러 더 비싸다면 공은 얼마일까?"라는 문제를 내고 정답률을 조사했습니다. 대부분의 사람들이 '10센트'라고 답했지만 정답은 '5센트'입니다. 왜 5센트인지 아직도 잘 모르시겠다고요? 여러분의 생각대로 야구공이 10센트라면 '방망이 가격 – 야구공 가격 = 1달러 – 10센트 = 90센트'가 됩니다. 즉 방망이는 공보다 90센트 비싸게 되죠. 문제에서는 '방망이가 1달러 더 비싸다'고 했으므로, 야구공이 5센트라야 '1달러 5센트 – 5센트 = 1달러'가 성립됩니다. 이처럼 이 문제는 천천히 읽고 심사숙고하지 않으면 쉽사리 오답의 함정에 빠지게 되는 문제입니다.

하지만 글 읽는 속도가 일반인보다 느린 난독증 환자는 자신이 가진 핸디캡 때문에 글을 더 또박또박 읽을 겁니다. 그런 습관 덕분에 난독증 환자의 정답률이 더 높다는 것이 오펜하이머의 연구 결과입니다. 글을 빨리 읽느라 빠질 수 있는 함정을 피해갈 수 있다는 것이죠. 어쩌면 이 질문을 더 정교하게 꼬아서 복잡하게 만든다면 난독증이 없는 사람들의 정답률도 올라갈지 모릅니다.

우리는 어떤 사람이 핸디캡이 있기 때문에 우리보다 못할 거라고 생각하기 쉽지만, 그 핸디캡이 오히려 문제해결 능력을 높여주는 도구가 될 수도 있습니다. 바로 '핸디캡의 역설'이라고 할 수 있죠. 즉 핸디캡을 가졌기 때문에 다른 방법으로 다른 각도에서 능력을 발휘할 수도 있는 것입니다. 이 연구는 대체로 부정적으로만 여겨지는 핸디캡을 다르게 바라본 연구라는 측면에서 의미가 있다고 봅니다.

이그노벨상의 의의

이그노벨상은 좀 더 폭넓고 자유로운 학문을 지향한다는 점에 의의가 있습니다. 또한 이그노벨상의 중요한 척도이자 필수 조건은 '유머 감각'이라고 합니다. 많은 사람들이 학문은 근엄하고 진지해야 한다는 편견을 갖고 있습니다. 우리나라는 그런 사고방식이 더 심한 편이라 '학문하는 사람' 하면 뭔가 권위적이고 격식을 갖춰야 한다는 고정관념이 지배적이죠. 학자 스스로도 근엄해야 한다는 고정관념에 갇혀 세상 사람들과 소통하기가 힘들고, 사람들과 질문을 주고받지 않으니 발전이 가로막히는 악순환에 빠질 수 있습니다. 예를 들어 영화를 보면 외국에서는 교수나 박사들 중에 괴짜 이미지가 많이 등장해서 편안하고 친근한 느낌이 듭니다. 학문에 대한 고정관념을 없애고 폭넓은 사고와 자유로운 접근을 통해 학문의 지평을 넓히려면, 우리나라에도 이그노벨상 같은 것이 도입돼야 한다고 봅니다.

역대 첫 이그노벨상은 1991년에 수여되었습니다. 이그노벨상 말고도 이런 독특한 상들이 몇 가지 있었습니다. 예를 들어 '황금양털상'은 쓸데없는 연구로 연구비를 낭비했으니 다시는 이런 연구를 하면 안 된다고 하는, 일종의 경고의 의미로 주는 상입니다. 긍정적인 롤모델이 아니라 부정적인 롤모델을 제시해주는 거죠. 이그노벨상과의 차이점이라고 하면, 황금양털상은 과학위원회와 정치가들이 수상자를 선정합니다. 자신들의 기준으로 볼 때 이 연구는 무의미하다고 판단하는 거죠. 아이러니한 건, 이 상을 수상한 뒤에 이 연구를 바탕으로 한 새로운 후속 연구들이 이어져서 그 진가를 재평가 받는 경우가 있었다는 점입니다. 이런 연구에는 '황금거위상'을 수여했습니다. 황금알을 낳는 거위처럼 처음에는 쓸모없는 줄 알았는데 나중에 진짜배기라는 것이 드러나는 거죠. 실제로 황금양털상을 받은 연구가 나중에 황금거위상을 받은 사례도 있습니다. 일종의 '역주행상'이라 할 수 있죠.

지금은 쓸모없어 보이고 '이런 연구를 왜 하냐'는 지탄을 받을 수 있지만, 나중에는 인류의 생활을 윤택하게 하고 삶을 발전시키는 연구들이 될 수도 있습니다. 이그노벨상의 의미도 여기에 있다고 봅니다. 그 자체로는 기발한 재미에 그칠 수 있지만, 나중에 어떤 식으로 발전할지는 아무도 모르는 것이죠. 그러나 이런 남다른 아이디어들은 한낱 애들 장난으로 치부되면서 사라지는 게 현실입니다.

생각해보면 하늘을 날고 싶었던 인간의 꿈은 처음에는 말도 안 되는 망상 취급을 받았지만, 지금은 비행기라는 운송수단으로 현실화됐습니다. 이렇게 이그노벨상은 인간의 엉뚱한 꿈을 자극하고 독려한다는 면에서 아주 이로운 상입니다. 경제성이나 현실성을 따지는 사람들에게는 그렇지 않겠지만요.

욕도 잘하면 약이 된다

가장 먼저 이야기할 주제는 '욕'입니다. 욕은 우리가 일상생활에서 자주 하기도 하고, 또 어떤 면에서는 필요하기도 합니다. 이번에 소개할 논문은 2010년에 이그노벨 평화상을 받은 욕과 관련된 연구입니다. '욕'을 주제로 한 논문에 '평화상'을 수여했다니, 정말 이그노벨상다운 발상이 아닐 수 없습니다.

이 세상에 욕을 안 하고 사는 사람이 있을까요? 정도와 방식의 차이는 있겠지만, 아마 다들 조금씩은 하면서 살아갈 겁니다. 욕은 누가 나를 화나게 했을 때도 하지만, 자기가 실수를 했을 때 스스로에게 하는 경우도 있습니다. 이런 경험은 누구나 한번쯤 해보셨을 겁니다. 밤에 자다가 화장실이 가고 싶어 일어났는데, 잠결에 침대 모서리에 발을 찧기라도 하면 나도 모르게 험한 말이 나오죠. 또 길을 가다 혼자 넘어졌을 때, 고기를 굽다가 불판에 손이 살짝 닿았을 때, 자료를 보다가 종이에 손을 베였을 때 등등 예상치 못한 상황에서 눈물이 찔끔 날 정도로 아픔을 겪을 때, 어떻게 하면 좀 덜 아플 수 있을까요? 지금부터 얘기할 이그노벨상에 그 답이 있습니다.

욕에도 쓸모가 있다

욕을 비롯해, 비도덕적이거나 바람직하지 않다는 것을 알면서도 계속하게 되는 행동이 있습니다. 그 이유가 뭘까요? 2010년 이그노벨 평화상을 받은 이 논문은, 우리가 욕을 하는 이유가 고통을 줄여주기 때문이라고 이야기합니다.

논문 제목은 '고통에 대한 반응으로서의 욕Swearing as a response to pain'입니다. 우리는 일반적으로 갑자기 아픔을 느끼거나 깜짝 놀라면 자신도 모르게 입에서 욕이나 험한 말이 나옵니다. 연구자들은 이러한 상황에서 많은 사람이 욕을 하는 이유에 관심을 가졌습니다. 연구는 욕을 하는 타이밍에 어떤 기재가 숨어 있을까, 과연 무엇 때문에 욕을 하게 될까,

욕이 우리에게 어떤 도움이 될까 하는 여러 가지 궁금증에서 출발했습니다. 이를테면 욕의 '쓸모'에 주목한 것이죠.

논문의 대표 저자는 영국 킬대학교Keele University의 사회심리학자 리처드 스티븐스Richard Stephens 박사입니다. 킬대학교는 사회심리학자를 많이 배출했고, 독특하고 자유로운 주제를 연구하는 학자들이 많은 것으로 알려져 있습니다.

스티븐스 박사는 어느 날 망치에 손을 찧었는데, 자신도 모르게 욕을 하고 나자 기분이 한결 나아지는 것을 느꼈습니다. 이후 그의 아내가 출산을 하게 되었는데, 난산으로 고생을 하던 아내가 출산 과정에서 차마 입에 담기도 힘든 몹시 음란한 욕을 했다고 합니다. 아내가 아기를 낳고 난 뒤 박사는 의료진에게 대신 미안하다는 말을 전했는데, 의료진은 아무렇지 않게 "늘 있는 일이에요"라고 대답했습니다. 이런 일들을 계기로 박사는 사람들이 극도의 고통을 느낄 때 욕을 하고, 욕이 고통을 덜어주는 효과가 있지 않을까 하는 생각을 하게 됩니다.

리처드 스티븐스 박사는 가히 욕 연구의 대가라고 할 수 있습니다. 연구의 절반 이상이 욕에 관한 연구이며, 2009년부터 10년간 내내 욕 연구에 매진할 정도였습니다. 스티븐스는 욕뿐 아니라, 남들이 잘 하지 않는 위험한 연구도 많이 했습니다. 그는 《우리는 왜 위험한 것에 끌리는가Black Sheep》라는 책에서 섹스, 알코올, 고통, 거짓말 등 다양한 분야의 위험한 것들을 상세히 설명하고 있습니다.

욕을 하면
고통이 줄어든다고?

연구를 좀 더 자세히 살펴볼까요? 실험에는 대학생 67명이 참여했습니다. 이들을 두 그룹으로 나누어 A그룹은 아주 차가운 물(5℃ 정도)에 손을 담그게 하고, B그룹은 미지근한 물(25℃)에 손을 담그게 했습니다(최대 5분). 이때 A그룹의 절반은 욕을 허용하고 나머지 절반은 허용하지 않았습니다. B그룹도 마찬가지로 절반은 욕을 하게 했고 절반은 못 하게 했습니다. 그리고 찬물에 손을 담근 사람들이 버티는 시간, 고통에 대한 두려움, 고통의 정도를 측정했습니다. '전혀 고통스럽지 않다'부터 '죽을 만큼 고통스럽다'까지를 1~7로 고통의 정도를 표현하게 하고, 더불어 심박수 변화도 측정했습니다. 그 결과, 욕을 한 사람들이 그렇지 않은 사람들에 비해 훨씬 더 오래 찬물에 손을 담궜고, 고통을 묘사할 때도 훨씬 덜 힘들어했습니다. 반면 심박수는 조금 빨라지는 현상이 나타났습니다.

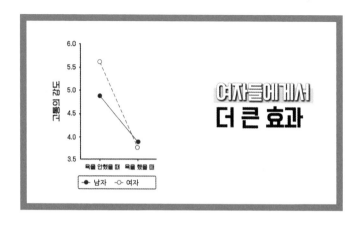

여자들에게서 더 큰 효과

한 가지 재미있는 결과는 여기서 남녀 차이가 관찰되었다는 것입니다. 실생활에서는 다양한 측면에서 여성이 더 참을성이 높은 것이 일반적인데, 이 실험에서는 전반적으로 남자가 더 오래 참았습니다. 반면 욕을 했을 때 고통이 감소하는 효과는 여성에게서 더 크게 나타났고 심박수도 여성이 더 빨라졌습니다. 평소에 약을 잘 안 먹는 사람에게 약 효과가 더 잘 나타나는 것처럼, 여성은 평소에 남성보다 욕을 덜 하는 경향이 있기 때문에 욕의 효과가 더 크게 나타난 것으로 해석할 수도 있겠습니다. 달리 말하면 평소에 욕을 사용하는 빈도가 높은 사람일수록 효과는 줄어든 것이죠.

정리하자면, 고통스러운 상황에서 욕을 할수록 더 잘 참고 고통도 덜 느낀다는 것입니다. 이런 효과가 여성에게서 더 크게 나타났다는 사실에 비추어 봤을 때, 약을 잘 써야 잘 듣듯이 욕도 필요한 상황에서 해야 적절한 효과를 낸다고 할 수 있습니다.

이 연구는 욕의 기능적인 측면을 잘 포착했다고 볼 수 있습니다. 보통 욕이란 사회에 잘 적응하지 못하는 상황에서 나온다는 인식이 있는데, 이 연구는 욕이 고통을 해소함으로써 일종의 카타르시스를 느끼게 해준다고 본 것이죠. "이렇게 고통스러울 때는 차라리 욕이라도 해. 그럼 훨씬 나아진다니까!"라는 메시지를 주고 있습니다.

욕도 잘 쓰면
보약 부럽지 않다

또한 평소에 비관적이거나 성격이 어두운 사람이 욕을 하는 것보다는, 늘 밝고 긍정적인 모습을 보이던 사람이 스트레스를 받을 때 욕 내지는 다소 속된 표현을 쓰면 그걸 듣는 사람들이 오히려 더 크게 카타르시스를 느끼기도 합니다. 똑같은 상황에서 똑같은 욕을 하더라도 어떤 사람이 하느냐에 따라 욕의 적응적 측면이 달라질 수 있다는 얘기죠.

사회에서 다른 사람과 함께 살아가려면 관계 속에서 내가 어떤 행동을 하느냐가 중요합니다. 이것은 누구나 알 수 있는 당연한 이야기죠. 적응력이 좋은 사람이라면 어떤 상황에서 욕을 해도 되는지 안 되는지 정확하게 판단하겠지만, 그렇지 않은 사람은 자기 기분 내키는 대로 행동할 것입니다. 이것이 보통 우리의 상식입니다. 그런데 이 연구는 이런 상식을 살짝 비틀어서, 욕을 나 자신에게 했을 때 적응적 측면에서 상당히 큰 도움이 된다는 발상으로 접근했다는 점이 독특한 부분입니다.

일반적으로 욕은 사회적으로 남성에게 좀 더 관대하게 용인되는 편입니다. 주변에 습관적으로 욕을 하는 사람이 하나쯤은 있을 텐데, 약도 계속 먹으면 내성이 생겨서 효과가 없듯이 욕이 습관의 경지에 이르면 이때는 욕의 효과도 감소합니다. 평소에 욕을 많이 하는 것은 약을 남용하는 것과 같기 때문에 효과가 떨어집니다. 반대로 욕을 정말 필요할 때 적절하게 쓰면 아주 좋은 보약 같은 역할을 하겠죠.

실제로 욕을 습관적으로 하는 사람들은 고통스러운 상황에서 욕을 해도 그 효과가 현저하게 떨어집니다. 논문의 내용에 따르면, 평소에 절망적인 상황을 자주 상상하는 사람 역시 욕이 별로 효과가 없다고 합니다. 즉 낙관적인 사람은 힘든 상황에서 욕을 했을 때 심리적으로 효과를 볼 수 있지만, 비관적인 사람은 욕을 해도 고통이나 스트레스가 줄어드는 경험을 하기 힘들다는 것입니다.

그렇다면 욕을 했을 때 왜 고통을 덜 느끼게 될까요? 리처드 스티븐스 박사는 욕에 '주의 분산 효과'가 있다고 말합니다. 욕을 함으로써 지금 당장의 고통스러운 문제에서 다른 데로 관심을 돌릴 수 있다는 것이죠.

요즘 소아과에 아이들 예방 접종을 하러 가면, 의사 선생님들이 머리를 잘 쓰십니다. 전에는 주사를 놓을 때 별 조치 없이 그냥 놨다면, 요즘은 주사를 놓기 전에 다른 부위에 뭔가를 대고 꽉 누릅니다. 그 부위를 아프게 만든 다음 다른 자리에 주사를 놓는 거죠. 다른 부위가 계속 눌리고 있으니까, 진짜 주사를 맞는 부위는 좀 덜 아프게 느끼는 거예요. 사실 이런 방법을 쓰면 고통의 양은 늘어날 수 있지만, 특정 부위를 초점화하지 않으니까 민감도가 떨어집니다.

논문의 실험에서도 욕을 한 사람들은 찬물에 손을 더 오래 담그고 있었기 때문에 고통을 더 오래 참았지만, 결국 덜 고통스러웠다고 이야기합니다.

욕에 많이 쓰이는 표현과 유형

욕에 쓰이는 표현들을 살펴보면 전 세계 공통적으로 동물이나 성적인 표현이 들어가는 것이 많습니다. 심리적으로 부정적으로 여기는 대상을 욕에 접목시킨다는 것이죠. 즉 욕에는 대부분 사회에서 금기시하는 대상이나 낙인을 찍는 표현 등이 들어갑니다. 부모와 관계된 부적절한 행위, 동물, 신체 부위, 배설물, 장애 등등이죠.

진화론에서는 욕에 이런 표현들이 들어가는 이유를 이렇게 설명합니다. 진화적 측면에서 인간 역시 하나의 생명체이고, 생명체는 기본적으로 번식의 본능이 있으므로 남을 공격할 때도 생명이나 자손의 번창과 관련하여 욕을 한다는 것입니다. 영어에 대표적으로 'Go to hell'이라는 표현이 있죠. 직역하면 '지옥에 떨어져라'라는 뜻이고, 그 속에는 '죽어서도 고통 받는 곳으로 가라'는 의미가 숨겨져 있습니다. 결국 타인의 생명을 위협하는 말이죠.

진화적인 측면에서 신체 기능이 제대로 작동하지 않는 개체는 생존에 불리할 수밖에 없습니다. 그래서 전 세계 공통적으로 욕에는 신체의 특정 부위를 공격하는 표현이나, 성적·종교적 측면과 관련된 표현이 나타납니다.

욕에는 다양한 유형이 있습니다. 그중 한 가지 두드러지는 것은 욕을 하는 사람이 대상을 자기보다 밑에 놓는다는 것입니다. 사람들은 대체로 개, 돼지, 새 등 동물이 사람보다 밑에 있다고 생각합니다. 그래서 동물에 빗대어 욕을 하면서 대상에 그 동물과 같은 지위를 부여하고 그 대상을 내 밑에 두는 것이죠.

제2차 세계대전 당시 연합군은 적군을 항상 비하해서 불렀고, 일제 강점기에 일본인들도 식민 지배를 받는 우리 민족을 멸시하는 표현들을 썼습니다. 결국 이런 표현들에는 '너는 나와 동등하지 않다. 그러니 함부로 해도 된다'라는 논리가 숨어 있고, 그런 논리가 욕과 매우 밀접하게 연관된다고 볼 수 있습니다.

습관적으로 욕을 잘하는 사람은 일반적으로 어휘력이 상당히 떨어집니다. 특히 화를 낼 때 욕을 하는 경우가 많죠. 화가 나는데, 그 화를 욕이 아닌 다른 방법으로 풀려면 다양한 어휘를 구사해야 합니다. '이런 점이 마음에 안 들어서 화가 난다'는 식으로 지금 자신의 감정을 일목요연하게 설명해야 하죠. 하지만 욕은 그냥 한마디 내뱉어버리면 내 감정을 한꺼번에 드러내고 쏟아낼 수 있습니다. 자신의 감정을 다양한 방식으로 표현해야 하는데, 그걸 욕으로 쏟아내면 다른 언어를 쓸 이유가 없어지는 것입니다.

　반면 욕을 많이 '아는' 사람들은 어휘력이 좋습니다. 1분 동안 자신이 아는 욕을 떠올려보라고 했을 때 많이 적어내는 사람은 일반적으로 어휘력이 뛰어납니다. 욕을 자주 하는 사람들은 많이 쓰는 욕이 정해져 있습니다. 하지만 실생활에서 욕을 하지는 않아도, 책이나 여러 매체를 통해 다양한 것을 접해본 사람은 욕도 다양하게 잘 알겠죠. 즉 욕을 많이 '아는' 사람은 어휘력도 좋다고 할 수 있습니다. 그러나 많이 아는 것과 많이 쓰는 것은 다르죠. 어휘력이 좋은 사람이라도 자신의 감정을 자꾸 욕으로만 표현한다면 어휘력이 떨어질 수 있으니까요.

　습관적으로 욕을 하는 사람의 또 한 가지 특징은, 자신보다 지위가 높은 사람에게는 욕을 잘 하지 않는다는 것입니다. 자기보다 아랫사람, 힘이 약한 사람, 즉 심리학에서 '저권력자'라고 일컫는 사람들에게 주로 욕을 하죠. 이들은 저권력자에게 욕을 하면서 엄청난 우월감을 느낍니다. 내가 누군가에게 욕을 할 수 있다는 건, 내가 그 사람을 얕본다는 것이고 나보다 아래로 보는 것이거든요. 그런 우월감이 일종의 보상기제로 작용하는 것이죠. 하지만 이런 관계가 도치倒置되면 굉장히 위험한 상황이 발생할 수 있습니다.

　예를 들어 사람은 자아 고갈 상태에 빠지면 억제력을 상실할 수 있습니다. 플로리다주립대학교의 로이 바우마이스터 Roy Baumeister가 말하는 '자아 고갈ego deflation'은 무언가를 너무 많이 참으면 습관화된 일들을 제어할 수 있는 능력이 사라진 다는 것입니다. 예를 들어 재미있는 무언가를 보고 웃지 못 하게 하거나 슬픈 영화를 보여주고 울지 못하게 하면서 참으 라고 하는 겁니다. 겉보기에 이런 감정을 참는 것이 별일 아 닌 것처럼 보일 수 있지만, 사실 엄청나게 많은 에너지를 소 모하는 일입니다.

전날 잠을 못 잤거나 무리해서 육체적으로 에너지가 많이 떨어졌거나 극도로 피곤한 상태가 되면 억제력을 상실할 수 있습니다. 평소에는 습관화된 욕도 때와 장소를 가려 잘 참 을 수 있지만, 억제력을 상실한 날은 자기보다 높은 사람이나 중요한 사람에게 무심결에 욕을 내뱉을 수 있습니다. 누군가 나에게 물을 엎질렀거나 물건을 떨어뜨리는 등의 사소한 행 동만으로도 습관화된 욕, 포악한 성격이 불쑥 튀어나올 수 있죠.

그런데 아이러니하게도 진짜 우월감, 즉 건강한 우월감을 지닌 사람들은 사실 욕을 잘 안 합니다. 내가 저 사람보다 우 월한 위치에 있고 싶은데 실제로는 그렇지 못하고 자신감이 없을 때, 인위적으로 우월감을 만들어내기 위해 '센 척'을 하 는 것이 바로 욕으로 나타나는 거죠.

욕이 조미료 역할을 할 수도 있다

욕의 나쁜 효과와 긍정적인 효과 등 다양한 측면에서 욕에 대한 연구가 활발하게 진행되고 있는데요. 욕의 효과는, 욕을 잘 안 할 것 같은 사람이 하면 더 크다고 합니다. 즉 평소에 욕을 안 하는 사람이 어쩌다 한 번 욕을 하면 상대방은 그걸 더 친근하게 받아들인다는 것이죠. 특히 상대방이 내 생각과 일치하는 이야기를 하면서 거기에 약간의 욕을 곁들인다면, 그 사람과 그가 하는 이야기가 더 친근하게 와닿는다는 겁니다. 이를테면 방송인 유재석 씨 같은 분이 가끔 가다 상대편을 약간 무시하거나 질책하는 뉘앙스의 표현을 하면 사람들이 그걸 재미있게 받아들이죠. 반면 늘 그런 식으로 얘기하는 사람에게는 긍정적인 공감을 하기가 어렵습니다.

TV 공중파에 출연할 때는 진지하고 착실한 이미지만 보이던 방송인이 유튜브 채널에서는 비교적 가벼운 욕을 한다거나 거친 표현을 쓰는 것을 보면, 우리는 그 사람의 생각에 좀 더 동조하게 되면서 즐거워합니다. 딱딱하게 말하던 사람이 친한 친구처럼 약간의 욕설을 섞어가며 이야기하면, 상대방이 느끼는 친근감이 상승한다는 것입니다. 조미료도 과하면 몸에 나쁘지만 적당히 사용하면 입맛을 돋우듯이, 욕도 조미료의 역할을 할 수 있습니다.

반드시 욕이 아니더라도 어떤 그룹 내에서만 사용하는 어휘가 있을 수 있습니다. 또는 그 어휘가 그 그룹에서는 특정한 의미로 사용될 수도 있죠. 그런 욕이나 어휘를 매체에서 접하면 내가 평소에 잘 쓰는 익숙한 말이니까 더 친근하게 느낍니다. 반대로 내가 속한 집단에서 유독 금기시하는 말도 있습니다. 앞서 살펴본 'Go to hell'에서 'hell(지옥)'은 아무래도 기독교 문화권에 있는 사람들이 그 의미를 훨씬 강하게 느낄 것입니다. 따라서 그 문화 안에서 금기시하는 단어를 욕에 사용함으로써 더 강한 효과를 발휘하는 것이죠.

기독교 문화의 전통이 오래된 서양에서 '종교'와 관련된 가치들은 거래negotiation가 불가능한 가치입니다. '거래'라는 말이 속된 표현으로 느껴진다면, 논의나 협의 자체가 불가능한 가치라고 말할 수 있겠습니다. 부모, 자녀, 생명 등이 이런 가치들에 속하고, 특히 서양에서는 종교를 덧붙일 수 있습니다.

우리나라에서는 종교라는 것이 논의나 협의가 가능한 정도로 자리 잡았기 때문에, 개개인의 차이는 있겠지만 사회문화 전반에서 종교와 관련한 문제를 건드려도 서양만큼 심하게 신성을 모독한다고 느끼지는 않을 것입니다. 이처럼 우리 문화는 종교에 대해 자유롭고 열린 생각을 허용하며 논의가 가능하기 때문에 상대적으로 종교와 관련된 욕을 찾아보기 힘듭니다.

욕에 관한 또 다른 연구들

욕과 관련한 다른 재미있는 연구들을 살펴보면, 또다시 리처드 스티븐스를 소환해야 합니다. 스티븐스는 사람들이 왜 욕을 하는지 연구하면서, 운동을 할 때 욕을 하면 힘과 강도가 훨씬 세진다는 결론에 도달했습니다. 그는 실험 참가자들에게 악력 기계를 주고 악력을 측정했습니다. 한 팀은 욕을 하면서 측정했고, 다른 팀은 욕을 하지 않고 측정했습니다. 그랬더니 욕을 한 사람들의 악력이 훨씬 높게 나왔습니다.

또 '정서적 각성 수준이 올라가면 욕을 더 유창하게 한다'는 연구 결과도 있습니다. 쉽게 말하면 열이 받으면 받을수록 욕을 더 잘하게 된다는 것이죠. 이 실험에서는 참가자들에게 비디오게임을 하게 했습니다. 한쪽은 1인칭 슈팅게임을 했고 다른 쪽은 골프게임을 했습니다. 실험 결과 슈팅게임을 한 팀이 욕을 훨씬 유창하게 했습니다. 게임의 특성상 아무래도 골프게임보다는 슈팅게임이 분노를 유발할 가능성이 크니까요.

스티븐스는 외국어로 욕을 하면 효과가 있을지도 확인해 봤습니다. 영국에 유학 온 일본인들과 현지 영국인들을 대상으로, 영어로 욕을 했을 때 고통을 어떻게 느끼는지 실험했습니다. 그 결과, 영국인이 영어로 욕을 했을 때는 고통이 줄었지만 일본인들에게는 영어 욕이 별 효과가 없었습니다.

그렇다면 언어적 욕이 아닌 신체적 욕도 효과가 있을까요? 예를 들어 외국에서 가운뎃손가락으로 하는 욕 같은 것 말입니다. 언어로 욕을 했을 때 고통이 줄어든다는 관찰 결과로 이그노벨상을 수상한 스티븐스는, 이번에는 손가락 욕도 효과가 있을지 궁금했습니다. 그는 이번에도 실험을 했습니다. 앞선 실험처럼 살갗이 아플 정도로 차가운 물에 손을 담그는데, 한 팀은 중지를 펴서 욕을 표현하고 다른 팀은 검지를 펴서 표현하게 했습니다. 실험 결과, 별 효과는 없었습니다. 즉 고통을 감소시키기 위해 욕을 할 거라면 '말'로 해야 효과가 있다는 것이죠.

마지막으로 스티븐스의 연구 한 가지를 더 소개하겠습니다(이 정도면 이 사람은 욕 연구에 가히 심취한 수준이라고 할 수 있겠습니다). 욕이 왜 효과가 있는지 고민하던 스티븐스는 욕에 쓰이는 단어들을 하나하나 살펴보기 시작했습니다. 결론적으로 그는 사람들에게 욕이 새로운 느낌을 주기도 하고 재미있는 감정을 불러일으키기도 한다는 사실을 알아냈습니다.

그는 영어 단어 5,000개 정도를 목록으로 만들어서 사람들에게 평가하게 했습니다. 그 결과 f로 시작하는 그 유명한 욕이 재미로 치면 상위 1%를 차지했습니다. 이 결과에 착안한 스티븐스는 아예 새로운 욕설을 만들어냅니다. '파우치'와 '트위치파이프'라는 단어인데요. 이 2가지 욕을 f로 시작하는 욕과 비교해서 효과가 있는지 테스트했습니다. 그러나 결과적으로 새로운 욕은 효과가 없었습니다.

욕의 긍정적 효과와
부정적 효과

스티븐스는 전에 없던 새로운 욕을 만들어냈지만, 암시성을 가지는 기존의 외국어를 이용해서 우리말로 욕이 되는 표현을 만들어볼 수도 있습니다. 예를 들면 '시베리안 허스키' 같은 것이죠. 시베리안 허스키는 우리말에서 어감이 비슷한 어떤 욕을 암시합니다. 친구들끼리 우스갯소리로 이런 표현을 쓰다 보면, 욕을 하지 않으면서 어느 정도 욕의 기능을 달성하게 됩니다.

즉 이런 표현을 쓰면 분위기가 나빠지지 않으면서 의외로 통쾌하고, 듣는 사람도 별로 기분 나쁘게 여기지 않습니다.

말하는 사람은 속이 후련하고, 듣는 사람도 어느 정도 완화된 표현을 듣게 되죠. 때리는 사람은 굉장히 타격감 있게 때렸다고 생각하는데 맞은 사람은 덜 아픈 효과를 낸다면, 이런 욕은 본분에 충실하면서도 굉장히 지혜로운 순기능을 한다고 볼 수 있습니다.

이처럼 욕은 자주 하면 효과가 떨어지지만, 가끔 꼭 필요한 순간에 하면 스트레스를 낮춰주고 힘을 써야 할 때는 더 큰 힘을 내게 해주는 좋은 기능이 있습니다. 실제로 미식축구 감독들은 경기에 뛰는 선수들에게 일부러 욕을 하게끔 부추긴다고도 합니다.

반면, 욕을 너무 많이 쓰게 되면 충동 조절 능력이 떨어집니다. 충동 조절을 잘 못하면 욕을 할 타이밍이 아닌데도 욕을 하게 되죠. 이것은 인간의 뇌에서 가장 중요한 전두엽 발달과 직접적인 관련이 있습니다. 욕을 과도하게 많이 하는 것은, 하는 사람이나 듣는 사람 모두의 전두엽 발달에 부정적인 영향을 미칩니다. 욕을 지속적으로 듣는 사람 역시 전두엽 기능이 위축되죠.

지속적으로 욕에 노출되거나 언어폭력을 경험하면 나중에는 스스로 위축돼서 잘할 수 있는 일도 못하게 되는 상황이 벌어집니다. 사람이 "넌 그것밖에 못 하냐?" 이런 말을

계속 들으면 긴장해서 실수를 하게 되죠. 즉 과도한 욕은 욕을 하는 사람이나 듣는 사람의 뇌에 상당히 안 좋은 영향을 미칩니다. 전두엽뿐 아니라 우리 뇌에서 창조성, 새로운 연결성을 만들어내는 기능을 하는 '해마'에도 부정적인 영향을 주죠.

앞서 운동선수들에게 코치가 일부러 욕을 시킨다고 말했습니다. 코치나 감독이 경기의 성적을 끌어올리기 위해 폭력적인 언행을 하는 것이죠. 그러나 이처럼 성장기에 언어폭력을 과도하게 경험하면, 결국 창조적이거나 능동적으로 어떤 일을 수행하는 데 굉장히 심각한 타격을 받을 수밖에 없습니다.

따라서 아이들을 대하는 부모나 선생님, 부하직원을 대하는 직장 상사는 내가 욕을 하고 윽박지름으로써 사람을 단기적으로 움직이게 만들 수 있다는 근시안적인 사고방식을 버려야 합니다. 욕이 많은 사회는 사회 구성원들의 창조성을 완전히 떨어뜨립니다. 제2차 세계대전 당시 일본군에서는 소대장 한 사람을 잃으면 나머지 소대원 40명이 바보처럼 싸우는 어이없는 상황이 벌어졌다고 합니다. 일본군이 왜 이렇게 유연성이나 창조성과 담을 쌓은 전투를 계속 치렀는지 당시 기록을 살펴봤더니, 이들은 상관한테 욕을 먹고 또 동료끼리도 서로 욕을 많이 하는 문화에 길들여져 있었습니다.

욕을 하는 사람은 깊게 생각을 안 합니다. 반면 욕을 듣는 사람은 그것을 자신에게 투영해서 해석하는 경우가 많죠. 말을 하는 사람은 아무 생각 없이 "그냥 한 건데" 이렇게 말하지만 듣는 입장은 절대 그렇지 않습니다. 이런 부분을 놓치면 상대방에게 정말 큰 상처를 줄 수 있습니다. 생각 없이 하는 욕은 사람을 주먹으로 때리는 것과 똑같은 충격을 가합니다.

욕의 긍정적인 기능은 일종의 카타르시스를 느끼게 함으로써 고통을 덜어주는 것이지만, 이런 카타르시스는 자기 자신에게나 해당하는 것입니다. 남에게 욕을 하는 것은 전혀 다른 얘기입니다. 이것은 완전히 부정적인 기능이죠.

고통을 대하는
한국인들의 독특한 정서

고통을 대하는 한국인들의 마음은 굉장히 독특한 것 같습니다. 우리는 '고진감래苦盡甘來', '새옹지마塞翁之馬' 같은 사자성어를 자주 접합니다. 고진감래는 '고생 끝에 낙이 온다'는 뜻이고, 새옹지마는 '좋은 일이 있으면 나쁜 일도 있고 세상사는 돌고 돈다'는 뜻이죠. 즉 우리는 근본적으로 좋은 일이 있으려면 반드시 그 전에 나쁜 일이나 고통을 겪어야 한다는 정서를 갖고 있습니다. 대부분의 문화가 정서적으로 비슷하지만, 유독 우리나라가 이런 측면이 강하다는 여러 연구 결과들도 있습니다.

이런 정서가 밑바탕에 깔려 있기 때문에, 우리는 좋은 결과를 얻으려면 고통을 참고 견뎌야 한다는 생각이 강합니다. 하지만 내가 지금 고통을 참는다고 해서 미래에 무조건 좋은 일이 있을 거라고 생각하는 건 건강한 사고방식은 아닙니다. 예를 들어 수험생 자녀를 둔 어떤 부모님은 가까운 절에 가서 기도를 하지 않고, 굳이 저 강원도에 있는 낙산사에 가서 기도를 한다고 합니다. 왜 꼭 그 먼 데까지 가느냐고 물었더니 그게 '정성의 문제'라는 것입니다.

사회심리학자는 이것을 '인고의 착각'이라고 부릅니다. 즉 내가 힘들어야 내 자식이 더 좋아진다고 믿는 것이죠. 오늘 불행해야 내일 행복해질 거라고 생각하는 것도 마찬가지입니다. 또 오늘 행복하면 왠지 내일의 행복을 당겨 쓴 것 같아 불안하다는 사람도 있습니다.

그러나 고통이란, 혼자 있을 때 악의 없는 욕으로 살짝 건드려 없애버릴 수 있습니다. 이것이 욕의 순기능이죠. 문제는 사회적 존재인 인간이 자신의 고통을 없앤답시고 다른 사람에게 여과 없이 욕을 하는 순간 생기는 겁니다.

우리나라 대학생들에게 좋아하는 속담이 무엇인지 물었더니, 압도적으로 1위를 차지한 것이 '새옹지마'였습니다. '좋은 일이 있으면 나쁜 일도 있고 세상사 돌고 돈다'는 이런 순환적 세계관은 유독 동양인들에게서 강하게 나타납니다. 서양에서는 나이 든 사람들도 이런 얘기는 잘 안 합니다.

미국의 대학생들에게 한국 속담, 영어 속담, 유대인 속담을 60개씩 제시하고 좋아하는 속담을 선택하게 했더니 1위를 차지한 것은 '1은 0보다 크다'였습니다. 서양인들의 직선적 세계관을 보여주는 극명한 사례라고 볼 수 있습니다.

심리학자가 알려주는
고통을 줄이는 법

결론을 내리자면, 욕에는 순기능이 있을 수 있습니다. 그러나 자기 자신에게 하는 것이 아니라면 만병통치약이 아닐 수 있고, 오히려 부작용을 일으킬 수도 있습니다. 그렇다면 욕 말고 심리적으로 고통을 줄일 수 있는 다른 방법들은 어떤 게 있을까요?

이 역시 이그노벨상을 받은 연구에 나온 방법입니다. 사고로 인해 한쪽 팔이나 다리를 잃은 사람들은 '환상지 통증'이라는 것을 느낀다고 합니다. 팔이나 다리가 없는데도 꼭 있는 것처럼 통증을 느끼는 것이죠. 이 연구에서는 그런 통증을 없애는 방법을 제시하고 있습니다. 거울을 보면서 실제 있는 팔이나 다리를 주무르거나 치료하면 없는 쪽에서 느껴지는 통증이나 가려움을 완화할 수 있다는 겁니다.

또 '고함 항아리'라는 것이 있습니다. 욕의 가장 큰 문제는 남이 들었을 때 문제를 일으킬 소지가 있다는 것이죠. 그래서 하고 싶은 말이 있을 때 이 항아리에 대고 이야기하는 겁니다. 항아리는 구조상 소리가 밖으로 크게 새나가지 않게 생겼습니다. '임금님 귀는 당나귀 귀'와 같은 효과가 있다고 할까요. 또 요즘은 욕을 대신 해주는 어플도 많이 이용한다고 합니다.

육체적인 고통이 느껴질 때, 자녀를 둔 분이라면 자녀가 100점 맞은 시험지를 떠올리는 것도 효과적인 방법입니다. 긍정적인 생각을 할 때 고통을 버텨낼 수 있는 내성이 강해지기 때문이죠. 혹은 아이가 잘하는 무언가를 떠올려보는 것도 좋습니다. 경험 많은 의사들 중에는 큰 수술을 앞두고 환자에게 자녀의 좋은 소식을 살짝 부풀려서 이야기하는 분들도 있다고 해요. 일종의 하얀 거짓말이죠.

자녀가 없는 분이라면 부모님을 떠올려보는 방법도 있습니다. 왜, 군대에서 힘든 유격 훈련을 받고 있을 때 조교들이 부르게 하는 노래가 있지 않습니까. "나실 제 괴로움 다 잊으시고…."

우리는 어릴 적부터 '참을성'이 있는 아이가 착한 아이라는 식의 말을 많이 듣고 자랍니다. 그런데 아이들에게 어릴 적부터 고통을 무조건 참으라고 하지 않는다면, 어른이 되었을 때 고통을 좀 더 의연하게 받아들일 수 있지 않을까요. 인간은 고통을 느낄 때 표현을 해야 고통이 덜해집니다. 계속 억누르고 있으면 자아고갈이 되기 때문에 더 힘들어집니다. 특히 남자아이들한테 어른들은 "그 정도는 참아야지…"라는 말을 많이 합니다. 그러다 보니 아이는 자신이 분명히 끵장히 고통스러운데 표현을 못하니까 그 고통이 사라지지 않고 계속 남아 있습니다.

소아과 병원에 가보면 아이들이 주사를 맞기 전인데도 벌써 상당히 고통스러운 표정으로 벌벌 떨고 있습니다. 그리고 자기 차례가 되면 울면서 안 들어가겠다고 난리가 나죠. 아프면 아프다고 표현을 하게 해줘야 하는데 그렇지 않으니 점점 더 고통스러워지는 게 아닐까요? 아이들도 고통을 있는 그대로 표현하게 해주면 스스로 고통을 극복하는 방법을 배울 수 있을 것입니다.

우리 사회를 보면 참는 것을 강요하는 분위기는 아이들뿐 아니라 어른들 사이에서도 마찬가지인 것 같습니다. 우리는 많은 경우에 참으라고 합니다. 오죽하면 '남자는 평생 세 번 운다' 이런 말이 있겠습니까. 그런데 이렇게 참다 보면 결국은 표현 능력이 사라집니다. 사실 감정 표현을 제대로 하지 못하면 심각한 정신적 문제를 일으킬 수도 있습니다.

욕과 관련된 이 연구도 결국은 '내 감정을 제대로 표현하라'는 메시지로 귀결될 수 있습니다. 내 감정을 잘 표현해야 그 감정 때문에 일어나는 스트레스를 줄일 수 있다는 것이죠. 여기서는 '욕'이라는 방법을 제시하고 있지만, 반드시 욕이 아니더라도 내 감정을 항상 적절하게 표현하는 것이 모든 점에서 유용하다고 말할 수 있겠습니다.

우리말에서는 욕을 '먹는다'고 표현합니다. 무언가를 먹는다는 건 그것이 내 몸속으로 들어간다는 것입니다. 그래서 욕을 먹으면 내 몸 깊숙이 영향을 미쳐서 상당히 부정적인 효과가 나타나기도 합니다. 과하고 부적절한 욕은 하는 사람에게나 듣는 사람 모두에게 안 좋은 영향을 미치죠. 그러니 여기서 핵심은 욕을 통해 내 감정을 적절히 표현하는 것이 고통을 줄여주고 스트레스도 낮춰준다는 겁니다. 또 우리는 욕을 들으면 '귀를 씻는다'는 표현을 합니다. 즉 욕을 듣더라도 한쪽 귀로 듣고 한쪽 귀로 흘리는 그런 담대함을 가졌으면 좋겠다는 생각도 해봅니다.

저주인형,
정말 효과가 있을까?

이번에는 2018년에 이그노벨 경제학상을 받은 연구를 소개하겠습니다. 논문 제목은 '잘못을 바로잡기: 괴롭히는 상사의 인형에게 보복하면 정의를 회복할 수 있다Righting a wrong: Retaliation on a voodoo doll symbolizing an abusive supervisor restores justice'입니다. 간단히 말해서 스트레스를 주는 직장 상사가 있다면, 그를 닮은 저주인형에 대신 보복함으로써 스트레스도 풀고 업무 효율도 높일 수 있다는 것입니다.

제목만 봐도 정말 독특한 주제란 것을 알 수 있습니다. 저주인형이라고 하면, 사극이나 영화에서 본 분들이 많이 있을 겁니다. 지푸라기나 헝겊을 이용해 사람 모양으로 만든 인형들이 대표적이죠. 저주를 내리고 싶은 사람을 인형으로 만들어서 핀이나 뽀족한 것으로 찌르면, 그 사람이 실제로 고통을 느끼거나 그 사람에게 안 좋은 일이 생깁니다. 이 연구에서는 저주인형에 상사의 이름을 써놓고, 생각날 때마다 마구마구 찔러주면 업무 효율이 높아진다는 아주 기상천외한 결론을 내리고 있습니다.

복수를 하면
업무 효율이 높아진다고?

이 실험은 저주인형을 사용하여 '복수'를 한다는 것에 초점을 두고 있습니다. 연구는 195명의 참가자를 세 집단으로 나누어 진행되었습니다. 첫 번째 집단은 상사에게 모욕을 당했거나 수치심을 느꼈거나 불공정한 대우를 받았던 경험을 상상하게 했습니다. 그런 다음 저주인형을 핀으로 찌르게 했습니다. 두 번째 집단은 비슷한 상상을 하되 저주인형뿐 아니라 모멸감을 해소할 수 있는 어떤 행동도 하게 하지 않았습니다. 마지막으로 세 번째 집단은 비교를 위한 통제집단이었습니다.

그다음 실제로 업무 효율이 얼마나 증가하는지 혹은 업무에 몰입도가 얼마나 높아지는지를 확인했습니다. 그랬더니 모욕을 당한 경험을 떠올리고 저주인형을 통해 복수를 한 첫 번째 집단이, 통제집단과 유사한 수준으로 업무 효율이 높게 나왔습니다. 여기서 중요한 것은 그 이유입니다. 즉 불공정한 대우를 받았던 경험을, 저주인형을 핀으로 찌르는 행동을 통해 극복한 것이죠.

직장에서 모욕을 당하거나 학대를 당하거나 불공정한 느낌을 받으면 '내가 왜 계속 이런 상황에 있어야 하지?'라는 생각이 들면서 억울함이나 무기력함을 느끼게 됩니다. 이것이 업무 비효율로 이어지는 것이죠. 이때 저주인형을 핀으로 찌르는 행위를 통해서 불공정한 느낌을 치유할 수 있습니다. 저주인형을 통해 짜릿함과 속 시원함을 느끼면서 업무 효율도 좋아질 수 있죠. 복수의 긍정적인 측면에 주목한 신선한 발상이 아닐 수 없습니다.

보통 우리는 부당한 일을 당했을 때 부당함에 대응하지 못한 것을 밤새 후회하고 갈등을 겪습니다. 대부분 '그때 이렇게 했어야 하는데…'라고 상상만 하는데, 저주인형은 그 상상을 실제 행동으로 해보는 겁니다. 즉 아주 작은 실재감을 경험해봄으로써 스트레스를 낮춰주는 놀라운 효과를 얻을 수 있습니다.

사소한 복수의 힘

이것이 바로 사소한 복수의 힘이죠. 장렬하고 센 복수보다 사소한 복수가 더 통쾌하고, 마음속 응어리를 더 시원하게 해소해줄 때도 있습니다. 장렬한 복수는 심각한 폭력이 될 수도 있으니까요. 이처럼 복수는 장점이 많습니다. 나를 만만히 보면 안 된다는, 상대방과 나 자신에게 보내는 시그널이기도 하죠. 더더군다나 스스로에게는 긍정적인 시그널이 됩니다.

그렇다면 우리가 일상에서 할 수 있는 사소한 복수에는 어떤 게 있을까요?

저는 제 지도학생이 논문발표 때 다른 교수님께 과도하게 비판을 받으면 그 교수님 방문 옆에 작은 쓰레기를 버려서 복수를 해줍니다. 그러면 학생들이 아주 좋아하면서 의기소침했던 마음도 잘 풀리죠.

또 제가 8살이고 동생이 7살이었을 때 동네에 열댓 살 먹은 힘세고 못된 형이 있었어요. 그 형이 어느 날 저를 한 대 때렸는데, 제 동생이 통쾌하게 복수를 해줬죠. 동생이 그 자리에서 영화에서처럼 멋지게 등장해 '우리 형 왜 때려!'라고 소리친 건 아닙니다. 나중에 그 형을 만났을 때 코를 후벼서 그 형 가방 뒤에 몰래 묻혔습니다. 그때 어찌나 기분이 좋던지, 괴롭힘 당했던 그 설움이 다 녹아내리는 것 같았습니다.

사소한 복수의 예시라고 하기에는 조금 부적절했을지 모르지만, 어쨌든 결론은 이렇습니다. 우리는 살아가면서 이런저런 스트레스를 받고, 스트레스를 받으면 그것을 해소하기 위해 뭐라도 해야 합니다. 그렇지 않으면 마음이 너무 힘드니까요.

하지만 거창한 방법을 생각하다 보면 더 큰 스트레스가 옵니다. 항상 그게 더 위험하죠. 결국 이 연구가 말하는 바는, 상사한테 받는 스트레스 역시 우리가 살아가면서 겪는 여러 어려움 중에 하나라고 봤을 때, 사소한 복수로 나를 유쾌하게 만들면 굉장히 많은 부분이 해결된다는 것입니다.

한때 직장인들 사이에서 현대판 '임금님 귀는 당나귀 귀'라 할 수 있는 '블라인드 사이트'가 유행한 적이 있었습니다. 또 다음 사진처럼 '엔터키 쿠션'이라는 것도 나와 있는데요. 키보드의 엔터키 모양 쿠션을 사무실에 비치해놓고 속이 부글부글 끓을 때 이 쿠션을 주먹으로 한 번씩 세게 내리치는 겁니다. 쿠션은 USB 케이블로 컴퓨터에 연결되어서, 키보드의 엔터키를 누르는 것과 같은 기능을 합니다.

마음속에 담아둔 것을 한 번 꺼내는 것, 작은 행위라도 한 번 해보는 것이 중요합니다. 꺼내지 않으면 쌓이고 쌓여서 언젠가는 크게 터지고 말기 때문이죠.

올바른(?) 저주인형 사용법

이 논문에서 저주인형은 우리의 공격성을 측정하기 위해 개발된 도구입니다. 그러니까 어떤 사람에게 저주인형을 주고 핀을 넉넉히 준 다음, 찌르고 싶은 만큼 찌르라고 합니다. 공격성이 높은 사람은 더 많이 더 세게 찌르겠죠.

그러면 저주인형을 만들 때 저주 대상인 상사와 실제로 닮아야 할까요? 사실 그럴 필요는 없고 인형에 상사의 이름을 쓰고 상상을 하는 정도가 좋습니다. 저주 대상과 너무 똑같은 모습이면 오히려 효과가 반감될 수 있습니다. 저주하려는 사람과 똑같이 생긴 인형에 핀을 찌르면 그 사람에게 진짜 물리적인 상해를 입히는 것 같아서 죄책감이 들 수 있기 때문이죠. 즉 스스로를 통제하지 못하고 너무 과하게 행동한 것은 아닌지 후회하면서, 마음이 정화되기보다 되레 기분이 나빠지는 경우도 생깁니다. 즉 내가 저주하려는 대상과 약간 비슷한 상징체에 복수하는 것이 오히려 심리적 정화 효과가 가장 뛰어나다고 합니다.

이렇게 저주인형에다 오늘 나를 힘들게 한 사람의 이름을 빨간색으로 적습니다. 핀으로 찌르는 행위마저도 꺼림칙하다면, 이름을 쓰는 행위만으로도 우리의 힘든 마음과 분노는 조금 위안을 받을지 모릅니다.

그런데 저주인형 이야기를 하다 보니, 문득 이런 생각이 듭니다. 어린 시절, 인형은 우리가 아끼는 존재들이었습니다. 항상 옆에 끼고 다니고, 잘 때는 내 마음을 편하게 해주는 친구가 되기도 했죠. 그런데 어른이 되면서 그 다정했던 인형이 저주인형으로 바뀐다는 점이 약간 서글프기도 합니다. 그런 면에서 차라리 저주인형보다는, 나를 도와주는 인형을 출근길에 하나씩 가지고 다니면 어떨까 합니다. 상대에 대한 복수보다는 나에 대한 위로에 방점을 두는 것이죠.

또 하나, 앞서 너무 큰 복수는 오히려 죄책감을 불러온다는 이야기를 했습니다. 그런데 직장 상사에게 복수를 한다는 것이 말처럼 쉬울까요? 과연 그 사람한테 어떻게 진짜 복수를 할 수 있을까요? 솔직히 말하면, 방법은 거의 없습니다. 내가 이 사람보다 더 높은 자리에 올라서 받은 대로 갚아준다? 그럼 그동안 이 사람은 승진을 안 할까요? 또 아예 은퇴를 하게 된다면 이제 그 사람은 내 상사가 아니니 복수의 대상이 아니게 되죠. 이 사람은 나보다 낮은 직급이 될 수가 없는 상황인 것입니다.

유일하게 통쾌한 복수를 하는 방법은, 드라마에서나 나올 법한 상황밖에 없습니다. 바로 내가 회장의 자식이 되는 거죠. 그 상사는 이 사실을 전혀 모르는 상황이고요. 어느 날 갑자기 내가 경영진으로 나타나서, 그 사람이 내 밑에 있게 되는 역전된 상황만이 완벽한 복수를 가능하게 할 것입니다.

그러나 이런 상황은 불가능합니다. 드라마에서처럼 황당한 출생의 비밀이 있는 것도 아니니까요. 하지만 내가 회장의 자식인 걸 모르고 나를 업신여기던 상사를, 내가 경영진이 되어 짓밟아준다는 막장 드라마 같은 상황은 상상만 해도 기분이 좋아집니다. 우리가 가슴속에 로또를 품고 다니는 것도 바로 이런 이유 때문입니다. 그러나 로또든 황당무계한 상상이든, 우리가 할 수 있는 것은 최소한의 자구책일 뿐이고 어떤 것도 우리의 상황을 완벽하게 해소해줄 수는 없습니다.

저주인형을 만들기 전에

물론 복수보다 더 좋은 방법은 복수심을 다른 방법으로 표현하는 것입니다. 지금의 시련이 훗날 나를 더 단단하게 만들어줄 거라는 믿음을 가지고, 복수심이나 분노를 긍정적인 에너지로 바꾼다면 업무 효율도 높이고 건강하게 오래 사는 데도 큰 도움이 됩니다.

조직사회에 몸담고 있는 사람은 3가지 부류로 나눠볼 수 있습니다. 첫 번째로 '주는 사람giver'이 있고, 두 번째로 '받는 사람taker'이 있습니다. 그러나 주기만 하는 사람, 받기만 하는 사람은 그렇게 많지 않죠. 아마도 우리는 대부분 '주는 만큼 받고 싶어 하는matcher' 세 번째 부류에 속할 것입니다. 엄밀히 말하면 이 세 번째 부류이되, 받고 싶어 하는 성향이 조금 더 강할 확률이 크죠. 물론 다들 인정하지 않겠지만요.

그래서 업무 효율을 높이는 가장 좋은 방법은 첫째, 받고 싶어 하는 성향을 줄이고 주려고 하는 노력을 좀 더 하는 것입니다. 그러면 관계가 훨씬 더 좋아지고, 굳이 저주인형이 필요하지도 않을 겁니다.

두 번째 방법은, 상대방이 어떤 실수를 했을 때 '저 사람은 원래 저 정도밖에 안 되는 사람이야'라고 얘기하지 않는 것입니다. 우리는 대개 성공하면 '내가 잘나서 그래, 내가 열심히 했어' 이렇게 말합니다. 여러 가지 상황 정보를 별로 생각하지 않고 개인의 능력에 모든 것을 갖다 맞추는 특징이 있죠. 반대로 동료가 실수를 하면, 그 사람의 실패를 부각시키고 탓하기 바쁩니다. '잘되면 내 탓, 안 되면 네 탓'이라는 식이죠.

바로 이런 태도를 조심해야 합니다. 특히 "이 사람은 원래 그런 사람이야" 이런 말은 금물이죠. 이것이 직장에서의 인간관계를 악화시키는 주요 원인입니다. 직장에서 어떤 일이 성공했건 실패했건, 특히 실패한 경우에는 더더욱 사람보다는 상황에 초점을 맞추어야 합니다.

저주인형을 만들기 전에, 먼저 이런 노력들이 선행되고 분위기가 조성되는 것이 사실은 더 바람직하겠죠.

감정을 계속 억제했을 때
나타나는 문제

그럼에도 사소한 복수를 하지 않고 스트레스를 쌓아두면 어떻게 될까요? 스탠퍼드대학교에서 진행한 연구에서 그 해답을 찾을 수 있습니다. 이 연구는 '감정을 억제했을 때 생리학적, 자기 보고, 표현행동이 어떻게 나타나는지Emotional

A 집단은 공포 영화를 보며 드는 감정 그대로 표출

B 집단은 공포 영화를 보며 느끼는 반응 억제

출처: pixabay.com

suppression: Physiology, self-report, and expressive behavior' 실험한 것입니다. 피실험자들에게 공포영화를 보여주는데, 한 집단은 영화를 보면서 생겨나는 감정을 자연스럽게 그대로 표출하게 합니다. 다른 집단은 무슨 생각이 들더라도 그 생각을 억제하게 했습니다.

공포영화를 다 보고 난 뒤 이 두 집단의 반응을 비교 관찰했습니다. 감정을 억제한 두 번째 집단은 영화를 보고 난 뒤에 교감신경계의 반응이 굉장히 활발하게 관찰되었습니다. 영화를 볼 당시에는 감정을 억제하고 있었지만, 이것이 사라지지 않고 나중에 다시 분출된 것이죠. 즉 무언가를 계속 억누르면 이것이 사라지는 게 아니라, 어딘가에 잠재되어 있다가 출구가 하나 열리는 순간 터집니다.

여기서, 전 세계에서 유일하게 우리나라에만 있는 병, '화병' 이야기를 하지 않을 수 없습니다. 화병은 특히 여성들에게서 주로 나타나는 심리적 장애 혹은 심리적 아픔입니다. 과거에는 여성들만 화병을 앓는다고들 얘기했습니다. 그런데 최근의 연구를 보면 요즘에는 한국 남성들도 화병을 앓는 비율이 점점 증가하고 있습니다. 아무래도 참는 것을 미덕으로 여겨온 한국 사회의 독특한 문화가, 이제 성별을 넘어 나타나는 것이 아닌가 합니다.

스트레스를 어떻게 볼 것인가

그런데 스트레스는 정말 나쁜 걸까요? 나쁘니까 무조건 없애줘야 할까요? 반드시 그렇지는 않다는 연구가 있습니다. 테드TED 강연 중에 켈리 맥고니걸Kelly McGonigal이라는 건강심리학자의 아주 유명한 강의가 있습니다. 맥고니걸은 사람들이 스트레스를 어떻게 생각하는지 연구했습니다. 미국인 3만 명을 '스트레스를 많이 받는다'고 생각하는 집단과 '스트레스가 많지 않다'고 생각하는 집단으로 나눈 뒤 8년 동안 조사했습니다. 그렇다면 스트레스를 많이 받는다고 생각한 집단이 오래 살까요 아니면 그렇지 않은 사람이 오래 살까요? 당연히 스트레스를 많이 받는 사람이 더 빨리 사망했겠죠.

그런데 스트레스를 많이 받는다고 한 사람들에게는 한 가지 질문을 더 했습니다. 바로 '스트레스를 어떻게 생각하는가?'라는 질문이죠. 이때 이들 중 절반 정도는 스트레스는 진짜 나쁜 것이기 때문에 없애야 한다고 답했습니다. 어떻게 스트레스를 해소할지 고민이라는 말도 덧붙였죠. 반대로 나머지 절반은 스트레스가 나쁘기는 하지만, 나에게 스트레스를 주는 어떤 일을 이루고 나면 큰 성취감을 맛볼 수 있기 때문에 꼭 나쁘다고 할 수만은 없다고 답했습니다.

이들을 추적 조사한 결과, 가장 오래 산 사람들은 현재 스트레스를 많이 받고 있지만 이 스트레스가 나쁜 측면만 있는 것은 아니고, 나를 더 크게 만들 것이라고 생각하는 사람들이었습니다. 결국 스트레스는 극복해야 할 대상이 아니라, 다른 관점에서 생각해야 한다는 것을 알 수 있습니다.

켈리 맥고니걸의 실험이 제안하는 것은 '스트레스가 나쁘다고 하면 진짜 나쁜 게 된다'는 것이 아닙니다. 스트레스가 있지만 그것이 나를 더 크게 만들어줄 거라고 생각하면, 내가 건강하고 행복하게 사는 데 도움이 된다는 것입니다.

심리학자가 알려주는
스트레스 관리 팁

큰 틀에서는 이렇게 스트레스를 역이용하는 것이 맞지만, 작은 틀에서는 스트레스가 커지기 전에 미리미리 하나씩 풀고 가야 합니다. 부정적인 감정들을 수시로 작게 해소해야 합니다. 행동심리학, 인지심리학, 언어심리학적 관점에서 사소하지만 강력한 스트레스 해소법을 소개하겠습니다.

첫 번째, '뒷담화'를 하라. 우리는 보통 뒷담화를 나쁘게 보는 경향이 있습니다. 그러나 뒷담화를 안 하면 오히려 스트레스가 쌓입니다. 대신 뒷담화를 하되 적절한 방법으로 해야 합니다. 뒷담화를 금기시할 것만이 아니라, 어떻게 하면 잘 할 수 있는지 그 방법을 고민해야 합니다.

상식적으로 뒷담화의 대상과 관련이 있는 사람에게 험담을 하는 건 아주 위험한 방법입니다. 나와 내 업무와 뒷담화의 대상과 관련이 있는 사람에게 뒷담화를 하면, 이해관계가 걸려 있기 때문에 그 대상을 과장해서 이야기하게 될 소지가 있습니다. 필요 이상으로 과다하게 그 사람을 악인으로 만들고, 그러다 보면 내 말에 책임을 지기가 점점 더 어려워질 수 있습니다. 뒷담화 하는 내 감정을 정당화하기 위해 더 많은 것을 더 강하게 이야기하게 되기 때문에, 이런 뒷담화는 뒷맛이 개운치 않습니다. 오히려 스트레스의 더 큰 원인이 될 수도 있죠.

즉 뒷담화는 그 대상을 전혀 모르고 이해관계가 없는 사람과 가볍게 나눠야 합니다. 그럴 때 상대방이 호응해주는 것만으로도 내 마음이 풀리니까요. 직장인들의 블라인드 사이트나 대학생들의 에타(에브리타임)는 익명을 전제로 한 일종의 온라인 뒷담화라고 할 수 있습니다. 익명성은 스트레스를 더 잘 해소시켜주지만, 자칫 인신공격이나 신상털기가 될 수 있기 때문에 사실 정말 조심해야 합니다.

두 번째, 블랙리스트를 만들어라. 인지심리학에서 제시하는 이 방법은, 지속적으로 받는 스트레스를 일종의 리스트로 만들어서 데이터베이스로 활용하는 겁니다. 이런 반복적인 경험을 지식의 구조물로 만들어서 유용하게 사용하는 것이죠. 예를 들어 저는 서울 시내에서 학회나 세미나를 할 때 자주 가는 빌딩이 있는데, 갈 때마다 주차 문제 때문에 엄청 스트레스를 받는 빌딩들이 있습니다. 이것을 서울 시내 주차 블랙리스트로 만들 수 있죠. 광화문의 '○○ 건물'은 무슨 요일 어떤 시간대에 조심해라. 이런 식으로 작성해놓은 리스트가 한 50항목 정도 됩니다.

그때그때 스트레스를 가장 많이 받았던 일을 육하원칙에 의해 적어놓으면 이것이 의외의 데이터베이스가 되어서 유용한 정보가 됩니다. 스트레스를 기록해서 정보로 만드는 것이죠. 즉 스트레스를 감정에서 지식 체계로 편입시키는 것입니다. 유용한 정보는 좋은 것을 알려주는 기능도 하지만 나쁜 것을 막아주는 기능도 합니다. 이럴 때의 블랙리스트는 어떤 대상을 배제하기 위한 것이 아니라, 조심하라고 경고하는 의미가 있습니다. 이것도 굉장한 효율이라고 할 수 있죠.

리스트를 만드는 것은 어떤 의미에서 상황을 '복기'하는 것으로 볼 수 있습니다. 우리는 살아가면서 성공에 대한 복기는 굉장히 많이 합니다. 주로 본인의 관점에서, 내가 이렇게 열심히 했으니까 성공한 것이라고 생각하고 그 상황을 되

돌아보죠. 하지만 실패했거나 부족한 부분에 대해서는 복기를 잘 하지 않습니다. 그저 상황 탓만 하면서 후회하니까 거기서 많은 정보를 놓치게 됩니다.

이순신 장군의 《난중일기》를 읽어보면, 구국의 일념으로 나라를 위하는 마음도 담겨 있지만 더 중요한 정보가 숨겨져 있습니다. 그는 이런 상황에서 이런 문제가 있었고, 어떤 점 때문에 힘들었는지를 일기 속에 자세히 기술해놓았습니다. 어떤 날의 날씨, 주변 인물, 상황 등을 자세히 적어놓았기 때문에, 이것이 굉장히 훌륭한 퍼스널 빅데이터가 된 것입니다. 이런 정보를 바탕으로 동일한 나쁜 상황에 다시 빠지지 않을 수 있었죠.

세 번째, 웃어라. 많은 연구들이 웃음의 중요성을 강조하고 있습니다. 그중에 졸업사진을 연구한 것이 있습니다. 졸업사진을 찍을 때 웃고 찍은 사람, 찡그리고 찍은 사람, 무표정하게 찍은 사람을 추적했더니, 웃고 찍은 사람들이 훨씬 높은 비율로 행복하게 산다는 사실을 밝힌 연구입니다.

또 미국에서는 아이들이 야구카드를 열심히 모으는데요. 이 야구카드에 등장하는 선수들 표정을 보면 근엄한 얼굴도 있고 웃는 얼굴도 있습니다. 이들을 조사해본 결과, 웃는 얼굴로 사진을 찍은 사람은 평균 80세까지 살았습니다. 반면 인상을 쓰거나 무표정하게 찍은 사람들은 평균수명이 73세를 밑돌았습니다.

스트레스를 푸는
또 다른 방법들

심리학에서 중요시하는 연구 중에 '위치 연구'란 것이 있습니다. 쇼핑할 때 에스컬레이터를 타보면, 올라갈 때와 내려갈 때의 느낌이 상당히 다릅니다. 에스컬레이터를 타고 올라갈 때는 상승하는 느낌이 들어서 내가 더 괜찮아 보이고, 그런 생각이 들면 물건을 더 잘 사게 된다고 합니다. 위치에 따라 우리의 감정이 달라진다는 점을 이용하면 내가 싫어하는 사람이 있을 때 그 사람을 상징하는 물건이나 사진을 내 발 밑에 둠으로써 분한 마음이 풀리는 데 도움을 준다고 합니다.

이외에도 다양한 물리적 조치들을 취해볼 수 있습니다. 상대방의 사진이나 물건 등을 내려놓거나 옆으로 비켜놓거나 가려놓는 것만으로도, 그 사람이 주는 스트레스를 약간이나마 해소할 수 있을 겁니다.

스트레스를 해소하는 방법에는 저주인형 같은 복수도 있지만, 이 부정적인 에너지를 분출할 다른 방법도 생각해볼 수 있습니다. 예를 들면 직장에서 힘든 하루를 보내고 나서, 운동이나 자신이 좋아하는 취미활동을 하면 어느 정도 스트레스가 줄어들기도 합니다.

물론 근본적인 해결책이란 없습니다. 만약 동료와 문제가 있다면, 동료는 나와 동등한 입장이기 때문에 해결책을 찾기가 수월할 것입니다. 그러나 나와 상하관계에 있는 직장 상사의 경우는 실질적으로 이러한 시도를 한다는 것 자체가 쉽지 않죠. 그래서 저주인형 같은 방법까지 나온 것일지 모릅니다. 그러나 어쩌면 저주인형보다는 '나는 나중에 저런 상사가 되지 말아야지'라고 마음먹는 것이 더 건설적인 태도일 것입니다.

스트레스를 해소하는 방법을 조금 다른 측면에서 접근해

볼 수도 있습니다. 일차적으로는 스트레스의 원인을 찾아 해소하고, 일의 실패가 나 때문이 아니라고 자신을 다독이는 방법이 있습니다. 여기서 더 나아가, 감사한 일을 찾아보는 행동역시 실제로 업무 효율을 높이는 데 많은 도움이 됩니다.

2015년 네팔에 엄청난 지진이 일어났습니다. 당시 호텔에서 일했던 지진 피해자들을 대상으로 연구를 진행했습니다. 한 집단은 하루에 감사한 일 3가지를 쓰라고 했고, 두 번째 집단은 자기가 해야 할 일을 적게 했고, 세 번째 집단은 아무것도 시키지 않았습니다. 실험 결과, 감사한 일을 쓰게 한 첫번째 집단에서 업무 몰입도가 높아지는 현상이 관찰되었습니다. 한 달이 지난 시점에서도 그 효과는 지속되었습니다.

스트레스는
그때그때 풀어라

어떤 방법을 쓰든, 스트레스는 쌓아두지 않고 수시로 해소해 나가는 게 중요합니다. 여성과 남성의 수명을 비교했을 때, 여성이 남성보다 더 행복하고 오래 산다고들 합니다. 그이유 중 하나가, 남성은 100점짜리 행복을 한 번에 크게 얻으려고 하지만, 여성은 10점짜리 행복을 열 번에 나눠서 행복의 빈도를 높이는 지혜를 갖고 있기 때문이라고 합니다. 이것이 여성 장수의 비결이라고 콕 집어 얘기하는 분들도 있죠.

그런데 복수도 마찬가지인 것 같습니다. 복수라고 하면, 남성은 아주 장엄하고 거대하고 위대한 복수를 몇 년간 벼르고 별러서 한 번에 하려고 합니다. 반면 여성은 그때그때 할 수 있는 1점짜리, 10점짜리 복수로 쉽게 풀고 갑니다. 이렇게 스트레스를 조절하는 것을 스트레스 매니지먼트, 분노 매니지먼트anger management라고 하는데, 여성들은 이런 조절 능력이 뛰어나다고 볼 수 있습니다.

사소한 스트레스를 사소한 복수로 조금씩 해소해 나가지 않고 한꺼번에 해결하겠다는 것은 불가능한 생각입니다. 실제로 내가 원하는 만큼 스트레스가 풀릴 정도로 복수하는 방법은 그리 많지 않기 때문에, 스트레스가 쌓이고 쌓이다가 화병이 됩니다. 즉 스트레스를 계속 억누르고 있으면 나중에 폭발해서 더 큰 문제가 될 수 있습니다.

분명한 것은 어떤 경우든 스트레스를 '억압'하면 안 된다는 것입니다. 스트레스를 어떻게 해소할지에 대해서는 각자가 자기 나름의 방법을 적어도 한 개씩은 갖고 있어야 합니다.

정리하자면, 스트레스는 저주인형이든 엔터키 쿠션이든 뒷담화든 수단과 방법을 가리지 않고 풀어야 합니다. 특히 크게 풀 생각 말고 그때그때 작게 풀어내는 게 무엇보다 가장 중요합니다.

이 저주인형 연구는 공격성을 복수의 개념으로 바꿔 해석했고, 그것을 업무 효율과 연결시켰다는 점이 재미있습니다. 아마도 이런 부분이 이그노벨상 '경제학상'을 수상하게 된 결정적인 계기였을 겁니다. 사소한 행동을 통해 내 안의 스트레스를 해소하라! 여러분도 한번 실천해보시기 바랍니다.

더 나은 의사결정을
하려면 소변을 참으라고?

이번에 소개할 이그노벨상은 2011년 이그노벨 의학상을 받은 두 개의 연구입니다. 두 연구 모두 '소변과 결정'의 상관관계를 연구하고 있는데, 흥미롭게도 연구 결과는 정반대입니다. 하나는 상식적으로 소변을 참으면 정확한 결정 능력이 떨어진다는 것이고, 다른 하나는 소변을 참으면 돈을 '버는' 결정을 내릴 수 있다고 주장합니다.

특히 '소변을 참고 있을 때 더 나은 결정을 한다'는 두 번째 연구는 이그노벨상의 가장 모범적인 사례라 할 수 있을 정도로 기발합니다. 지금까지 이런 생각을 해본 사람이 몇이나 될까요? 아마 누구도 전혀 생각지 못한 발상일 것입니다. 이제 두 연구를 자세히 살펴볼까요?

첫 번째 연구:
소변을 참으면 결정 능력이 떨어진다

첫 번째 논문 제목은 '충동의 급격한 증가가 건강한 성인의 인지 능력에 미치는 영향The effect of acute increase in urge to void on cognitive function in healthy adults'입니다. 실험은 참여자들에게 물을 많이 마시게 해서 소변을 참게 한 다음 일련의 수행 능력을 테스트하는 방식으로 진행됩니다. 사람들은 매 15분마다 250ml씩 물을 마셔야 합니다. 처음에는 참을 만합니다. 250ml면 보통 종이컵으로 물 두 컵 정도의 양이니까요. 그러나 15분 뒤에는 몸속에 수분이 500ml, 750ml로 계속 쌓입니다.

어떻게 보면 실험 방법이 약간 잔인하다(?)고 생각하는 분들도 있을 겁니다. 하지만 실험이 강제적인 것은 아니고, 참여자 스스로가 '더 이상 화장실에 가지 않고는 못 참겠다'고 느끼면 언제든지 중단할 수 있습니다.

실험하는 동안 사람들은 정해진 시간마다 물을 마시면서, 중간중간 기본적인 인지 능력을 측정하는 테스트에 응합니다. 보통 연구를 한다고 하면 거창하고 복잡하게 설계된 실험을 할 거라고 생각할 수 있는데, 꼭 그렇지는 않습니다. 이 연구에서처럼 물 마시기와 더불어 아주 간단한 세 가지 과제를 테스트하는 실험도 있습니다.

첫 번째 과제는 눈앞에 카드가 나오면 나올 때마다 버튼을 누릅니다. 두 번째도 카드가 나오지만, 이번에는 빨간색이면 버튼을 누르고 파란색이면 누르지 않습니다. 세 번째는 카드가 나오는데 전과 같은 카드가 나오면 버튼을 누르고, 다른 카드면 누르지 말아야 합니다. 이처럼 누구나 할 수 있는 아주 간단한 실험입니다.

첫 번째 과제에서는 기본적으로 반응 속도가 얼마나 빠른지 측정합니다. 두 번째 과제는 하지 말아야 할 행동을 얼마나 빨리 멈추고, 해야 할 행동을 얼마나 빨리 실행하느냐를 측정합니다. 그다음 세 번째는 앞에 나온 카드와 지금 나온 카드가 같은지 다른지 기억하는 능력을 측정합니다.

실험 초기 단계에서 사람들은 별다른 영향을 느끼지 못합니다. 그러나 마시는 물의 양이 점점 늘어나면 사람들의 마음도 점점 조급해지겠죠. 실험 결과는 어땠을까요?

상식적으로 예상할 수 있는 것처럼 사람들은 아주 단순한 첫 번째 실험, 즉 카드가 나오면 버튼을 누르는 과제도 제대로 수행하지 못했습니다. 빨간색이면 누르고 파란색이면 참는 두 번째 과제는 물론이고, 카드가 서로 같은지 다른지를 판단하는 데도 어려움을 겪었습니다. 소변을 참고 있을 때는 과제를 제대로 수행하지 못했지만, 화장실을 다녀온 뒤에는 이 과제들을 어려움 없이 수행했습니다.

이 연구는 우리가 소변을 참고 있을 때는 기본적인 인지 기능을 제대로 수행하지 못한다는 매우 상식적인 결과를 보여주었습니다. 소변을 참는 것처럼 의지력을 쓰고 있는 상황에서는 다른 일을 자연스럽게 하기가 힘들다는 것입니다. 다른 데(소변 참는 것)에 정신이 팔려 있기 때문에 정작 신경을 써서 결정을 내려야 할 일에는 소홀해지게 되는 원리입니다.

이처럼 상식적이고 결과를 뻔히 예상할 수 있지만 그럼에도 이 연구는 이그노벨상을 받았습니다.

두 번째 연구:
소변을 참으면 더 나은 의사결정을 할 수 있다

그런데 같은 해에 정반대의 연구가 나옵니다. 논문의 정확한 제목은 '억제의 영향: 소변이 급해지면 어떤 영역에서 충동을 억제하기가 쉬워진다Inhibitory Spillover: Increased Urination

Urgency Facilitates Impulse control in unrelated domains'입니다. 결론적으로, '소변을 참으면 더 나은 의사결정에 도움이 된다'는 것입니다.

두 번째 연구도 사람들에게 물을 마시게 하는 방법으로 실험을 합니다. 첫 번째 연구에서는 사람들이 소변을 참지 못할 정도로 계속 물을 마셔야 했다면, 두 번째 연구에서는 적정한 양의 물을 마시게 했습니다. 여기서 '적정한' 양이란 700ml 정도를 말하는데, 예를 들면 500ml짜리 생수 한 병에 200ml짜리 우유를 마시는 정도입니다. 사실 이것도 한 번에 마시기에 적은 양은 아니지만, 첫 번째 연구에서 참여자들이 평균적으로 1,000ml 정도 마신 것을 감안하면 실험 효과를 측정하기에 적정한 양이라고 할 수 있습니다. 최대 3,000ml까지 마신 사람도 있지만, 웬만하면 2,000ml 선에서 멈추었습니다.

이 연구는 4단계로 나누어 실험을 진행했습니다. 1단계에서는 처음에는 사람들에게 물을 먹이지 않고, 현재 얼마나 화장실이 가고 싶은지를 1~7단계로 체크했습니다. 그다음에 스트룹 테스트stroop test를 진행했습니다. 스트룹 테스트란, 종이에 쓰여 있는 글자를 읽게 하는데, 글자를 읽는 게 아니라 글자의 색깔을 읽게 하는 것입니다. 예를 들어 종이에 '빨강'

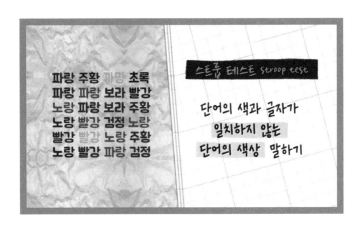

이라는 글자가 노란색으로 쓰여 있다면, '빨강'이라고 읽지 않고 '노랑'이라고 읽는 것입니다.

겉으로는 쉬워 보여도 은근히 헷갈리는 테스트입니다. 글 자를 읽는 게 아니라 색깔을 읽어야 하는데 자동적으로 글 자를 읽게 되기 때문이죠. 따라서 스트룹 테스트는 억제 능력, 즉 자동적인 충동을 제어하는 능력을 테스트하는 간단한 실험입니다.

이어서 2단계에서는 700ml 정도의 적당한 물을 마신 다음 스트룹 테스트를 실시했습니다. 실험 결과는 어땠을까요? 놀랍게도 소변을 참고 있을 때 스트룹 테스트를 더 잘 수행한다는 결과가 나왔습니다. 상식적인 예상은 앞서 첫 번째 연구의 결과처럼, 몸과 마음이 급한 상황에서는 테스트 수행 능력이 떨어질 것이라고 보는 것입니다. 그런데 신기하게도 예상과 정반대의 결과가 나온 것이죠.

기본적인 욕구가 억압을 받는 상태, 즉 소변을 참는 상황이 무언가를 자동적으로 처리하는 것까지 참게 해준다고 해석할 수 있습니다. 참을성이 신체적 반응뿐 아니라 정신적 반응까지 통제할 정도로 널리 퍼진다는 것이 이 연구의 핵심적인 결론입니다.

3단계에서는 '지금 2만 원을 받겠는가, 한 달 뒤에 4만 원을 받겠는가'라고 묻습니다. 단, 여기서는 한 달 뒤에 4만 원을 받는 것이 더 올바른 결정이라고 전제합니다. 조금만 참으면 지금보다 2배의 돈을 받을 수 있으니, 더 합리적인 결정이라고 보는 것이죠. 이 실험은 어떤 상황에 있는 사람들이 욕구를 더 잘 참고 더 올바른 결정을 했는지 알아보기 위한 것입니다. 실험 결과, 물 700ml를 마신 뒤 소변을 참고 있는 사람이 '한 달 뒤에 4만 원을 받겠다'는 결정을 내리는 비율이 높았다고 합니다. 소변을 참는 것이 다른 욕구를 참는 데까지 널리 퍼진다는 것을 다시 한 번 증명했습니다.

4단계에서는 실제로는 물을 마시지 않고, 화장실을 연상시키는 단어나 어떤 물건을 보기만 합니다. 소변이나 화장실과 관련된 단어를 계속 들려주거나, 오줌싸개 인형 같은 것을 옆에 두고 계속 쳐다보게 하는 것이죠. 그 결과, '소변'을 연상하는 것만으로도 소변을 참는 것과 같은 결과가 나타났습니다. 연상 작용으로도 소변을 참는 것이 올바른 결정으로 이어졌습니다.

욕구를 참으면 시야가 좁아진다

혹시 이 연구가 조금 터무니없다고 생각하시는 분들을 위해 노파심에서 말씀드리자면, 이 연구는 많은 학생들을 대상으로 진행한 것입니다. 연구 참여자들의 학력이 거의 대부분 16년 이상 교육을 받은 대학 졸업자들입니다. 즉 보통 수준 이상의 인지 능력을 지닌 사람들을 대상으로 한 실험이기 때문에, 어느 정도 설득력이 있다고 볼 수 있습니다.

정리하자면, 우리가 어떤 욕구를 참으면 그것이 그 욕구와 직접적인 관련이 없는 다른 것을 참게 하는 데도 도움이 되고, 결국은 더 올바른 결정으로 이끈다는 것입니다.

재미있는 사실은 앞에 소개한 두 연구가 같은 해에 이그노벨상을 수상했다는 것입니다. 이그노벨상 선정 위원회에서 두 연구를 같은 해에 동시 선정한 것은, 중첩되는 부분이 있으면서 정반대의 연구 결과를 보여주기 때문만은 아닐 겁니다. 오히려 공통점에 주목하지 않았나 생각합니다.

출처: pixabay.com

어떤 욕구를 참으면 거기에 신경이 집중되기 때문에 시야가 좁아집니다. 시야가 좁아지면 아주 간단한 문제도 해결하지 못할 정도로 인지 능력이 떨어질 수 있죠. 그러나 반대로 생각하면 시야가 좁아졌을 때는 꼭 봐야 하는 것만 집중해서 볼 수 있습니다.

앞서 실험의 3단계에서 '지금 2만 원을 받겠는가, 한 달 뒤에 4만 원을 받겠는가'라는 질문을 실제 학생들에게 해보면 거의 대부분 '지금 2만 원을 받겠다'고 얘기합니다. 이유를 물어보면 별의별 대답이 다 나옵니다. 일주일 후에 지구가 멸망할 수도 있다는 둥, 한 달 뒤에 약속 지키는 사람 못 봤다는 둥, 지금 당장 필요한 것을 사겠다는 둥 온갖 자질구레한 답변들을 쏟아냅니다.

그러나 오로지 '이윤'이라는 한 가지 사항에만 집중할 수 있도록 시야가 좁아지면, 오히려 경제학적으로는 더 올바른 결정을 내릴 수도 있다는 것입니다. 첫 번째 연구와 두 번째 연구는 '소변을 참으면 시야가 좁아진다'는 사실에서 각각 안 좋은 결과와 좋은 결과를 도출해내고 있습니다. 단순하게 생각해보면, 두 연구 모두 '좁은 시야'의 효과 면에서는 같은 효과가 있다고 해석할 수 있습니다.

논란이 분분한 마시멜로 실험

반대로 이와 다른 시각도 있습니다. 앞서 '한 달 뒤에 4만 원을 받겠다'는 것이 더 합리적인 결정이라고 이야기했지만, 때로는 '당장 2만 원을 받는 것'이 올바른 결정인 경우도 있습니다. 이와 비슷한 유명한 실험으로 '마시멜로 실험'이 있습니다. 한 선생님이 4세 아동에게 마시멜로 1개가 있는 접시와 2개가 있는 접시를 보여주고, 마시멜로 1개를 바로 먹어도 되지만 선생님이 나갔다가 돌아올 때까지 먹지 않고 있으면 2개를 먹을 수 있다고 말합니다. 그럼 어떤 아이는 선생님이 나가자마자 먹을 것이고, 또 어떤 아이는 선생님이 나갔다 돌아올 때까지 기다리는 선택을 하겠죠. 실험에서는 이 아이들을 15년 뒤에 다시 만나 성장과정을 조사했습니다. 마시멜로를 바로 먹지 않고 끝까지 참았던 아이들은 대인관계도 원만하고 학업 성적도 좋았으며 훌륭하게 성장했습니다. 반면 마시멜로를 바로 먹은 아이들은 사회 부적응이나 약물중독 등을 겪으며 힘겨운 성장기를 보냈습니다. 스탠퍼드대학교에서 진행한 이 연구는 이 실험 결과를 바탕으로, 절제력과 자기 통제력이 있는 아동이 미래에 성공한다고 주장했습니다.

반면 후속 연구에서는 마시멜로 실험의 한계와 오류를 지적하면서 만족 지연(절제성)이 반드시 성공과 연결되지는 않는다고 반박하기도 했습니다. 마시멜로 실험을 재현한 다른 연구들에서도 '지금 당장 먹는 것, 혹은 지금 당장 받는 것이 오히려 더 나은 판단일 수 있다'고 주장합니다. 예를 들어 나중에 4만 원을 주겠다고 해놓고는 주지 않는 상황을 여러 번 경험하게 되면, 지금 당장 2만 원을 받지 않으면 아무것도 못 받을 수 있다고 판단한다는 것이죠.

사실 마시멜로 실험은 지금 당장 참느냐 못 참느냐를 짧게는 한두 시간, 길게는 한 달 정도 기간을 두고 진행합니다. 겉보기에는 간단한 테스트 같지만, 사람을 굉장히 시험에 들게 하는 잔인한 측면도 분명히 있습니다. 그래서 이 실험을 부정적으로 생각하는 심리학자들 중에는, 마시멜로를 담은 그

릇 위에 뚜껑을 덮어놓기도 합니다. 이 상태에서 '지금 당장 1개를 먹을래 아니면 1시간 있다가 2개를 먹을래'라고 질문을 하면, 그릇에 뚜껑이 덮여 있기만 해도 대부분이 유혹을 이겨낸다는 거예요. 사실 충동적인 것처럼 보이는 아이들이 오히려 이런저런 생각을 복합적으로 하는 능력이 있다고 해석할 수도 있고, 이외에도 관련 실험이 많기 때문에 마시멜로 실험이 내린 결론은 학자들 사이에서도 논란이 분분합니다.

적당한 긴장감은
수행 능력을 높인다

다시 소변 참기 실험으로 돌아와서, 만약 이 실험을 우리나라에서 했다면 결과가 조금 흥미롭게 나왔을지도 모르겠습니다. 우리는 어릴 적부터 학교에서 소변을 참아야 한다고 배웠기 때문이죠. 2,000ml 이상 물을 마시고 소변을 참기는 어렵겠지만, 어쨌든 우리는 학교에서 화장실은 쉬는 시간에 가야 한다, 수업시간에는 가급적 화장실을 가면 안 된다는 것이 거의 규칙처럼 몸에 배어 있습니다. 우리나라에서는 선생님들이 이 습관을 훨씬 엄격하게 가르칩니다. 미국이나 다른 서양 국가에서는 화장실에 가고 싶을 때 자유롭게 다녀옵니다. 우리나라에서는 심지어 대학생들도 강의 시간에 화장실을 가고 싶으면, 강의를 중단시키는 한이 있어도 손을 들고 교수님께 물어보고 가는 분위기죠.

우리는 선생님한테 말 안 하고 화장실에 가면 버릇없는 학생이라고 생각합니다. 그래서 어릴 적부터 소변을 참는 연습이 꽤 잘 되어 있는 편입니다. 이런 연습은 일종의 자기 욕구 조절, 즉 자기를 조절하는 기제로 연결될 수도 있습니다. 욕구를 단순히 억누르는 게 아니라 스스로 조절한다는 개념으로 받아들인다면, 이것이 훨씬 좋은 결정으로 이어질 수도 있는 것이죠.

그러나 이 해석은 물을 적당량 마신 두 번째 연구에나 적용할 수 있을 겁니다. 지나치게 물을 많이 마셔서 당장 화장실에 가지 않으면 당황스런 일이 생길 만한 상황이라면 수행 능력이 현저히 떨어질 수 있기 때문이죠. 이것을 심리학 교과서에서는 '최적 각성 이론optimal arousal theory'이라고 합니다. 사람들은 각성 수준이 너무 낮으면 졸음을 느끼고 반대로 각성 수준이 너무 높으면 불안과 스트레스를 겪습니다. 이 이론의 가장 기본적인 아이디어는 정신적으로 각성이 너무 안 되어 있거나 풀어져 있어도 수행 능력이 떨어지고, 또 너무 조바심이 나는 상황에서도 마찬가지이며, 적당한 수준으로 긴장했을 때 수행 능력이 가장 잘 발휘된다는 것입니다.

이 이론은 심리학개론은 물론 모든 심리학 교과에서 다룰 정도로, 심리학을 공부하는 사람이라면 꼭 배우고 넘어가는 기본 이론입니다. 그러나 문제는 각성의 최적 지점이 어디인지 우리가 잘 모르고, 사람마다 다르다는 점입니다. 어떤 면에서는 이것이 더 재미있는 점인 것 같습니다. 사람마다 최대의 수행 능력을 보이는 지점이 다 다르다는 얘기일 테니까요.

거짓말이 들통나지 않으려면
소변을 참아라

이그노벨상을 받은 연구는 아니지만, 소변 참기와 관련된 또 다른 재미난 연구가 있습니다. 제목은 '소변을 참으면 거짓말을 잘하게 된다The inhibitory spillover effect: Controlling the bladder makes better liars'입니다. 이 연구에서는 사람들에게 똑같이 700ml 정도의 물을 마시게 한 다음 거짓말을 하게 했더니, 상대방이 그 말을 진짜라고 믿었습니다.

그런데 거짓말은 왜 들통이 날까요? 쓸데없는 얘기를 더하기 때문입니다. 거짓말만 딱 얘기하면 되는데 괜히 눈치 보고 쓸데없이 감탄사를 내뱉는 등 과장되게 행동하죠.

그렇게 자질구레한 이야기를 주절주절 늘어놓다가, 지금

이것이 거짓말이라는 단서를 자기도 모르게 상대방에게 던져줍니다. 그런데 이렇게 거짓말을 할 때 소변을 적정 수준으로 참고 있으면, 지금 자신이 꾸며내려는 말에만 집중하게 되면서 쓸데없는 말을 줄이게 되어 거짓말이 들통날 확률이 낮아진다는 겁니다. 소변을 참는 억제 기제가 전반적으로 다 활성화되면서 다른 것을 억제하는 데도 도움이 되는 것이죠. 하지 말아야 할 행동은 억제시키고 해야 할 행동은 활성화시키는 원리입니다. 이것이 바로 지금까지 소개한 연구들의 메커니즘이라고 할 수 있습니다.

상상만으로
생리 현상을 참을 수 있을까?

그렇다면 심리적으로 소변을 참으면 어떨까요? 예를 들어 생방송 중에 화장실에 가고 싶으면 누구나 참아야지 하고 생각할 겁니다. 신체적으로 소변을 참는 방법은 근육에 힘을 주는 것이겠죠. 이처럼 심리적으로도 소변을 참기 유리하게끔 무언가를 억제하거나 누르는 상상을 하면 좀 더 도움이 됩니다. 나쁜 짓을 하고 싶은 생각이 들면 다른 무언가를 참고 억누르는 생각을 하는 거죠. 혹은 아예 다른 생각으로 주의를 돌리는 게 더 효과적일 수도 있습니다.

우리는 생리적인 욕구가 생기면 그 반응에 초점을 기울일 수밖에 없습니다. 한번 신경이 그쪽으로 쏠리면 그 욕구는 더 강해질 수밖에 없죠. 소변도 마찬가지고요. 그래서 아예 다른 공간에 있다는 상상, 전혀 다른 생각을 하는 것이 그 욕구에 집중하지 않게 만들어주기 때문에 더 도움이 될 수 있습니다.

무언가를 참는 것이 집중력 향상에 도움이 되려면, 소변 참기 같은 경우는 물을 700~1,000ml 정도 마시는 것이 효과적일 것 같습니다. 2,000ml 정도로 과도하게 물을 마셔서 소변을 참을 수 없을 정도가 되면 사실 판단력이 흐려집니다. 소변을 가장 참기 힘든 순간은 화장실 바로 앞일 것입니다. 화장실이 10m 앞에 있을 때는 그 짧은 거리를 가는 동안 도저히 참을 수 없을 것만 같죠. 하지만 30분은 더 가야 화장실이 나온다는 사실을 인지하고 있을 때는 신기하게도 꽤 버틸 수 있습니다. 즉 욕구에 초점을 덜 맞추는 것이죠. 화장실이 저 앞에 있다고 해도, 아직 더 가야 한다고 생각함으로써 순간적으로 자기를 속일 수 있는 재치가 필요할 수도 있습니다.

그렇다면 소변을 참는 것은 정서적인 문제일까요? 이를테면 불안감이나 인지적인 문제가 관련돼 있는 건 아닐까요?

끝끝내 소변을 참지 못해 참사가 벌어진다면 큰 문제가 생긴다는 것을 잘 알기 때문에 소변을 참을 수 있는 것일지도 모릅니다. 우리 뇌에서 대상피질이라고 알려진 부위는 우리의 행동을 통제하는 역할을 합니다. 대상피질 앞쪽은 정서적인 통제, 뒤쪽은 인지적인 내용을 통제한다고 합니다.

또 소변을 참는 것은 정서적 통제일까요, 인지적 통제일까요? 앞서 어떤 욕구에 너무 몰입해서 억제하기 힘들면 다른 생각을 하는 게 효과적일 수 있다고 말했습니다. 이렇게 본다면 다른 생각, 즉 인지적 통제를 통해 소변을 참는 것이라고 볼 수도 있겠습니다.

소변을 참는 것 하나 가지고도 참 무궁무진한 이야기가 나옵니다. 사실 '참는다'는 것은 우리가 살아가면서 가장 자주 하는 일 가운데 하나이고, 잘 참는 것이 우리 삶에서 중요한 문제일 수도 있기 때문에 그 기제가 어떻게 작동하는지 알아보는 것도 꽤 유익한 공부일 것입니다.

참는 것에도
최적 지점이 있다

앞서 최적 각성 이론에서 이야기했던 것처럼, 어떤 욕구를 참을 때 처음부터 온 힘을 다 쏟아서 참는 것은 아닙니다. 어느 정도까지는 억제하는 수준이고, 특정 지점을 넘어서는 순간 그것은 더 이상 억제가 아니라 의지력을 투자해서 무언가를 막아야 하는 상황이 됩니다. 따라서 이 특정 지점부터는 개념이 조금 달라진다고 볼 수 있습니다. 특정 지점 이전까지는 억제 기제가 작용하는 것이고, 그 이후부터는 의지적으로 무언가를 열심히 해서 막아야 하는 상태인 것이죠.

물 2,000ml를 마시면 점점 소변을 보고 싶은 욕구를 참을 수 없기 때문에 이 욕구를 어떻게든 막아야 합니다. 물을 마시기 전 혹은 마시고 나서 얼마 지나지 않았을 때의 상황과는 달라지죠. 특정 지점 이전, 즉 억제 기제만 작동하던 때는 이것이 전이가 되어서 전반적으로 다른 것도 잘 억제할 수 있습니다. 그러나 일정 수준을 넘어서면 그때부터는 참는 데 모든 의지력을 고갈시키고, 다른 일들에 쓸 의지력까지 끌어다 쓰게 되면서 이 다른 일들까지 못 하게 됩니다.

의지력 고갈의 문제는 심리학 및 관련 연구의 단골 주제인데요. 의지력이 고갈되는 순간, 다른 일들도 점점 제대로 해내지 못하게 된다는 연구 결과는 굉장히 많습니다. 따라서 중요한 것은 특정 지점을 넘어서느냐 아니냐에 있다고 봅니다. 무언가를 참을 때 최적 지점을 넘어서까지 참으면 모든 의지력이 투입되기 때문에 다른 것을 참기가 거의 불가능해

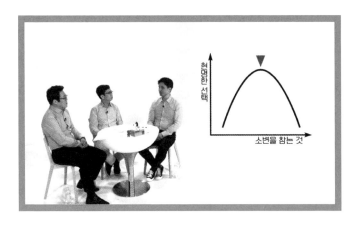

집니다. 억제력이 떨어질 때 나오는 것이 바로 평상시의 나쁜
습관이죠.

가장 쉬운 예가 바로 욕설입니다. 특히 운전할 때 길이 막
힌다거나 옆 차선 차량이 끼어드는 경우 자기도 모르게 험한
말이 나오죠. 혼자 있을 때는 그나마 다행이지만, 평상시 점
잖은 분들도 사람들 많은 데서 지나치게 참다가 무심결에 욕
설을 내뱉는 경우를 종종 봅니다. 즉 특정 지점을 지나면 다
른 것에 대한 제어 능력을 상실한다고 볼 수 있습니다.

'중요한 일을 앞두고 700ml 정도의 물을 마시면 긍정적인
효과가 있다.' 이 결과를 완벽하게 일반화하기에는 조금 무
리가 있습니다. 이 효과를 단정 지을 수 있을 만큼 실험 효과

의 크기가 그렇게 크다고 볼 수 없기 때문입니다. 물론 이 실험 결과를 곧이곧대로 믿고 시험이나 중요한 결정을 앞두고 무작정 물을 들이키는 분들은 없을 거라고 봅니다. 다음과 같은 경우도 있을 수 있거든요.

한 학생이 토플 시험을 보러 갔는데 시험이 시작되기 직전에 간당간당하게 시험장에 도착합니다. 헐레벌떡 들어가서 앞부분의 듣기평가를 어떻게 풀었는지도 모르게 황급히 시험을 치렀죠. 약간의 우여곡절이 있었지만, 운 좋게도 시험 결과는 나쁘지 않았습니다.

두 번째 토플 시험을 앞두고, 지난번에 그런 상황이었는데도 점수가 잘 나왔으니까 공부를 좀 더 열심히 하면 더 좋은 점수를 얻을 거라 생각했습니다. 남은 기간 공부도 열심히 하고, 시험 당일에는 늦지 않게 시험장에 도착했습니다. 그런데 얼마쯤 문제를 풀다가 갑자기 화장실이 가고 싶어졌습니다. 소변이 너무 급해져서 급기야 문제가 제대로 안 보일 정도였어요. 이런 공인시험의 경우는 중간에 화장실을 갈 수가 없으니까, 버티고 버티다 종이 치자마자 냅다 화장실로 달려갔습니다. 이번에도 지난번과 비슷하게 시험에 방해요소가 있었던 거죠.

그런데도 점수는 첫 번째와 비슷하게 나왔습니다. 첫 번째 시험보다는 공부를 좀 더 했으니까 점수가 올랐을 거라고 예상했는데 비슷하게 나왔으니, 이 학생은 소변을 참아서 시험을 망쳤다고 생각합니다. 그러고 나서 또 세 번째 시험을 보러 갔습니다. 시험 전에 열심히 공부를 하고, 시험 당일에는 일찌감치 도착해서 미리 화장실도 다녀오고 만반의 준비를 했습니다. 시험 결과는? 첫 번째와 두 번째 시험과 별반 다르지 않았습니다.

결론적으로, 실험을 잘 보려면 답의 결정 능력을 높인답시고 물을 마실 게 아니라 공부를 열심히 해야 한다는 말입니다. 또한 시험의 답을 결정하는 능력과, 의사 결정을 하는 것은 분명히 다릅니다. 공부를 통해 답을 결정할 수 있는 기반이 될 지식을 쌓을 생각은 안 하고, 그 순간 답을 잘 찍을 수 있기를 바라는 것은 도둑놈 심보라 하겠죠.

이 학생은 소변을 참으면서 얼마나 많은 의지력을 소모했을까요? 아마 시험이 끝나고 완전히 지치지 않았을까요. 그날 시험이 끝나고 폭식을 하거나, 그간 참아온 어떤 행동을 했을지 모릅니다. 우리가 무언가를 계속 참으면 의지력을 계속 사용해서 반대로 다른 것을 잘 참지 못하게 됩니다.

이와 비슷한 실험이 하나 있습니다. 피실험자에게 먹을 것을 못 먹게 하고 배가 고프게 만든 뒤, 앞의 실험에서처럼 돈과 관련된 결정을 하게 합니다. 그랬더니 배고픈 상태에서는 의사결정을 제대로 하지 못했습니다. 즉 중요한 의사결정을 할 때는 에너지를 충분히 보충하고 휴식을 취해서 컨디션이 좋은 상태여야 한다는 겁니다. 그래야 자신이 가진 자원을 충분히 사용할 수 있습니다. 그런데 대부분은 결정을 내릴 때 이런 조건들을 고려하지 않고 그 즉시 성급하게 행동하는 경우가 많죠.

구체적 욕구와
추상적 욕구를 구별하자

또 우리가 어떤 욕구를 참을 때 다른 욕구는 어떻게 발현될까요? 같은 욕구라도 그 욕구를 추상적으로 표현할 수도 있고 구체적으로 표현할 수도 있습니다. 여기서 재미있는 사실은, 어떤 것을 상실했거나 어떤 욕구가 충족되지 않았을 때 그것을 대체할 무언가를 찾을 때도 추상적인 것은 추상적인 것으로 대체하려 하고 구체적인 것은 구체적으로 대체하려 한다는 사실입니다.

예를 들어 사랑하는 사람을 잃은 경우와 성적 파트너를 잃은 경우를 생각해봅시다. 남자들은 사랑하는 여자 친구가 떠나면 다시 돌아오지 않을 거라고 생각하고 이제부터 일에만 몰두하겠다고 말합니다. 사랑과 일은 추상적인 것이죠. 반면 단순 성적 파트너가 떠났을 때는 술을 마셔야겠다고 합니다. 구체적인 관계는 구체적인 방법으로 메우려 하죠. 이런 점에서 욕구를 어떤 식으로 참아야 하느냐도 중요하지만, 그 욕구를 추상적으로 보느냐 구체적으로 보느냐도 잘 구별해야 합니다.

정리하자면, 신체적인 욕구의 억압은 의식적 욕구를 억압하는 것과 상당히 유사합니다. 이 개념은 우리의 몸과 마음이 서로 연결되어 있다는 주장과 일맥상통합니다. 우리가 흔히 사용하는 표현 중에 '새로운 사업에 손을 뻗었다'라는 말이 있습니다. 사업이라는 추상적인 행위에 실제로 손을 뻗을 수는 없죠. 이런 식으로 추상적인 것과 구체적인 것을 접목해서 표현하는 것을 '체화된다'고 하는데, 이런 체화된 표현이 우리한테 훨씬 더 잘 와닿습니다. 우리가 생각하고 말할 때, 그 생각과 말이 우리의 행동과 밀접하게 연결되어 있다는 주장은 잘 알려져 있죠. 이것을 '체화된 인지embodied cognition'라고 합니다.

우리 인간은 생각과 행동을 일관성 있게 유지하려는 경향이 매우 강합니다. 2010년에 외부 상황이 내 판단에 미치는 영향을 세밀하게 연구한 일명 '넷플릭스 연구'가 등장했습니다. 넷플릭스에서 사람들이 겨울에 어떤 영화를 많이 보는지 조사했는데, 로맨틱한 영화를 많이 본다는 결과가 나왔습니다. 추운 겨울에는 따뜻한 마음을 갖고 따뜻한 생각을 할 수 있게 하는 로맨틱한 영화의 시청률이 증가했습니다. 어쩌면 사랑 영화는 추운 날씨에 마음을 따뜻하게 만들어주기 위한 보상체계로 나온 게 아닐까 하는 생각이 들 정도의 결과였습니다.

반대로 갓 구운 빵 냄새처럼 식욕을 자극하는 냄새를 맡으면 기부하는 돈이 많이 줄어든다는 연구 결과도 있습니다. 빵 냄새가 내 안의 배고픔을 자극해서 내가 나 자신을 위한 무언가를 원하게 되기 때문에 남에게 베푸는 마음이 줄어든다는 논리죠.

이런 연구들을 보면 우리는 추상적인 것은 굉장히 추상적으로 보고 구체적인 것은 단순히 구체적으로만 보려는 경향이 있는 것 같습니다. 이런 경향을 심리학과 연결해보면, 머릿속에서 일어나는 생각이나 의식은 굉장히 고상하고 아름다워야 한다고 믿고, 반대로 신체 말단에서 일어나는 일은 저차원적인 수준에서 일어나는 단순한 무언가라고 생각한다는 것을 알 수 있습니다.

경제 감각을 높이는 손쉬운 방법

체화된 인지 개념은 결국 이 신체 말단에서 일어나는 무언가가 우리의 생각을 지배한다고 설명합니다. 이것은 어찌 보면 우리가 그간 외면해온 개념일 수도 있습니다. '설마 내 몸의 말단에서 일어나는 일이 내 생각을 지배할 수 있겠어?'라고 대수롭지 않게 여기지만, 말단의 개념은 생각보다 더 중요한 문제입니다.

요즘은 기업에서 제품을 만들 때 성능만 좋아서는 안 되고, 물리적으로 좀 더 쾌적한 느낌을 주는 디자인의 비중이 훨씬 커졌습니다. 어떤 물건을 사용했을 때 기분이 쾌적하냐 불쾌하냐, 편리하냐 불편하냐를 구별하는 것을 더 크게 고려한다는 것이죠. 우리가 그간 외면해온 개념의 중요성을 인지하고 그쪽으로 시선을 돌린 것입니다.

말단에서 일어나는 일들을 세심하게 인지하면, 역으로 추상적인 행동에도 변화를 줄 수 있습니다. 옛날 어른들은 돈을 아껴 쓰려면 돈을 따뜻하게 하라고 하셨습니다. 좋은 봉투에 넣거나, 심지어 할머니들은 "돈을 다리미로 다려 놔라, 그래야 아껴 쓸 수 있다"고까지 말씀하셨습니다.

즉 돈을 더럽히지 않고 깨끗하게 소중히 다뤄야 요긴하게 잘 쓸 수 있다는 거예요. 더 나아가 돈을 넣어둔 봉투에 제목, 즉 용도를 써놓으면 돈을 더 아낄 수 있습니다. 용돈, 도서구입비, 친구랑 밥 먹는 돈, 이렇게 따로 정해놓으면 용돈이나 친구랑 밥 먹는 돈을 다 썼어도 도서구입비에 손을 대면 안 될 것 같은 억제 심리가 작용합니다.

이처럼 실제로든 마음속으로든 깔끔하게 제목을 붙여놓은 돈을 많이 가진 사람들은 실제로도 돈을 절약합니다. 함부로 낭비하지 않죠. 신체적 말단의 느낌을 활용해서 얼마든지 추상적인 분야까지 긍정적으로 연결할 수 있습니다.

이와 관련된 한 가지 실험이 있습니다. 대학원생들을 대상으로 깨끗한 돈과 더러운 돈이 있을 때 이 차이가 금전적 결정에 어떤 영향을 미치는지 알아본 실험입니다. 우리나라 사람들이 정말 싫어하는 냄새 중 하나가 취두부 냄새예요. 그래서 취두부 냄새가 나게끔, 돈을 올려놓은 책상 아래에 장치를 해놓고 돈의 중요성이나 크기를 평가하게 했습니다. 그랬더니 취두부 냄새가 나는 돈에 대해서는 그 크기를 작게 평가하는 결과가 나왔습니다. 예를 들어 더러운 돈 100만 원으로는 마치 90만 원인 것처럼 쓴다거나 돈을 더 하찮게 여기는 경향이 나타났습니다.

미국에서는 집을 팔 때 '오픈데이'라고 해서 부동산에 집을 보여주는 날을 잡습니다. 이날 집이 잘 팔리게 하기 위해서 집주인이 가장 먼저 하는 일이 바로 빵을 굽는 것이랍니다. 거기다 원두커피를 진하게 내려 집 안에 커피향이 감돌게 하죠. 그럼 집을 보러 온 사람은 이 집에서 편안하게 빵을 먹고 커피를 마시는 상상을 하기도 하고, 또 배가 고파지기 때문에 '나를 위해서 이 집을 사야겠다, 이 집은 좋은 집이구나'라고 생각한다고 합니다. 그러면 집이 팔릴 확률도 높아지겠죠.

앞서 돈을 다리미로 다리라고 일러주신 할머니와 더불어 이런 분들은 생활 속의 심리학자들이라 할 수 있습니다. 추운 겨울날 중고차 매장에서 헤어드라이어로 자동차를 데우는 딜러도 마찬가지고요. 고객이 차를 만질 때 따뜻한 느낌이 나도록 특히 핸들이나 손잡이를 따뜻하게 데워놓는 겁니다.

결국 이런 사소한 부분들이 우리의 경제 감각과 연결되어 있다고 말할 수 있습니다. 앞서 '지금 당장 2만 원을 받을 것인가 한 달 뒤에 4만 원을 받을 것인가'라는 질문을 얘기했는데요. 이것을 전문용어로는 '시간 할인temporal discount'이라고 합니다. 지금 당장 손에 넣을 수 있는 것의 가치는 크게 보지만 시간이 지나면 그것의 가치를 낮게 보는 것, 즉 미래의 가치를 저평가하는 것입니다.

시간의 측면에서 멀리 볼 줄 아는 것은 굉장히 중요한 능력입니다. 우리는 어릴 적부터 이런 연습을 소홀히 하죠. 일찍부터 이런 훈련이 되어 있어야 경제 감각이 훨씬 좋아질 수 있습니다. 유대인들은 경제관념을 중시하기 때문에, 어릴 적부터 많이 하는 교육 방법이 있습니다. 실제로 네가 이만큼의 돈을 갖고 있다면 앞으로 무엇을 할 거냐고 수시로 묻는 겁니다. 초등학생이 일주일에 용돈을 1만 원 받는다고 하면, 그보다는 조금 많은 2만 원이 생겼을 때 앞으로 이 돈으로 무엇을 하겠느냐고 묻습니다. 이렇게 계획을 세워보는 거예요. 시간의 측면에서든 액수의 측면에서든 계획을 세우는 연습을 하는 것만으로도 경제 감각을 키워나갈 수 있습니다. 초등학생에서 중학생, 고등학생, 대학생이 될 때까지 각각의 시점에서 더 많은 액수를 상상하면서 그 돈으로 무엇을 할 것인지 묻고 답하다 보면, 경제서로 경제를 공부하는 것보다 훨씬 훌륭한 길잡이가 될 겁니다.

우리나라 사람들은 돈을 어떻게 써야 하는지에 대해 별로 생각하지 않는 것 같습니다. 로또 당첨된 사람들에게 이 돈으로 무얼 할 거냐고 물으면, 대부분은 일단 은행에 넣어두겠다고 할 겁니다. 로또 당첨으로 일생일대 최대의 행운을 거머쥐었다가 몇 년 만에 그 많은 돈을 그냥 날려버리는 일도 많다고 하죠. 그런데 유대인들은 로또에 당첨돼도 허망하게 재산을 탕진하는 비율이 낮다고 합니다. 앞서 말한 경제교육의 힘이 크겠죠.

유대인들은 돈이 생겼을 때 무엇을 할 건지 수없이 시뮬레이션을 합니다. 우리나라에서는 '돈을 아껴 써라' '땀 흘려 돈을 벌어라' '반드시 금전출납부를 써라' 등의 유대인식 철칙을 우리나라식으로 해석하는 경우가 흔한데, 사실 아이들에게 가장 중요한 것은 아직 벌지 않은 돈을 상상하면서 가능한 한 큰돈을 상정해놓고 그 돈으로 무얼 할 건지 생각해보게 하는 겁니다.

돈이 생기면 그것으로 무엇을 할 건지 생각해보게 하는 것. 이것이 경제교육의 본질이라고 해도 과언이 아닙니다. 돈을 가지고 무얼 할지에 대한 생각이 없는데 뭐하러 돈을 벌겠습니까? 이런 면에서 경제교육도 훨씬 더 인문학적으로 접근해야 한다고 봅니다.

돈을 어떻게 쓸지 계획하는 것에서 한 발 더 나아가 계획을 실행하는 것이 더 중요합니다. 실행하지 않은 계획은 계획으로 끝날 확률이 높기 때문입니다. 계획은 내가 가진 돈보다 더 큰 규모로 하지만, 당연히 실행은 그런 식으로 할 수는 없죠. 즉 로또를 맞으면 무얼 해야겠다 생각하는 게 아니라, 실제 작은 돈으로 어떤 판단을 하고 결정을 내린 뒤 직접 돈을 써봐야 합니다. 그랬을 때 내 선택이 얼마나 나에게 만족감을 주는지 아니면 불안감이나 불만족을 주는지, 내 선택을 끊임없이 생각해봐야 합니다.

이런 평가가 계속 쌓이다 보면 돈에 대한 시뮬레이션도 잘되고 올바른 결정도 더 잘 할 수 있게 되는 것이죠. 가장 쉽고 좋은 출발점은 집에서 음식을 시켜 먹을 때 아무거나 시키지 말고, 평소에 정말 먹어보고 싶었던 것을 시켜보는 겁니다. 그 다음 그 결정에 얼마나 만족했는지 판단해보는 것이죠. 학생들 같은 경우는 학용품을 직접 사서 써보고 그 정도 가격에 그 제품이 나에게 얼마나 큰 만족감을 주었는지 판단해보는 것도 좋은 연습이 될 수 있습니다.

무엇이 내 판단과 결정에 영향을 미치는가

우리나라 사람들은 돈에 대한 욕구가 높은 편입니다. 왜 그럴까요? 이 문제도 방금 얘기한 논리로 설명할 수 있습니다. 우리는 돈이 많아야 안심하는 경향이 큽니다. 이와 관련해 '알레의 역설Allais Paradox'이라는 유명한 연구가 있습니다. 사람들에게 어떤 금액을 제시했을 때, 금액이 적더라도 받을 수 있는 확률이 높은 것을 선택한다는 이론입니다. 예를 들어 100만 원을 받을 수 있는 확률이 100%, 500만 원은 89%, 꽝이 1%라고 제시하면 대부분은 100만 원을 선택합니다.

그런데 우리나라 사람들은 100만 원을 100%의 확률로 받을 수 있는데도, 그 액수가 적다고 생각해서 확률은 적지만 액수가 큰 500만 원을 선택한다고 합니다. 100만 원을 우습게 보는 거죠. 우리는 돈에 명목을 붙이거나 그 돈을 어떻게 쓸지 상상하고 계획하는 훈련이 미흡합니다. 또 한국사회는 굉장히 역동적으로 변해왔습니다. 안타깝게도 사회가 아주 안정적이지만은 않은 상태였죠.

그래서 돈을 쌓아놓아야 안심합니다. 그런데 무작정 쌓아놓기만 했지, 그 돈을 가지고 무엇을 할지 명목을 정하지 않았습니다. 그러니까 얼마나 쌓아놓아야 할지, 어느 정도면 충분하고 내가 만족할 수 있을지에 대한 감이 없습니다. 돈은 무조건 많으면 좋다는 식으로 생각해서 계속 쌓기만 하는 거죠.

어쩌면 우리가 '낙천성'이 떨어지기 때문에 이런 현상이 나타날 수도 있습니다. 우리나라 사람들의 낙천성은 세계 최하위라고 합니다. 낙천적인 문화일수록 확실한 A를 선택하는 경향이 큽니다. 적게 가지더라도 쉽고 확실하게 행복해질 수 있는 방법을 택하는 것이죠. 반면 우리나라 사람들은 조금 불확실해도 많이 가질 수 있는 B를 전 세계에서 가장 많이 고른다고 합니다. 우리는 그저 많이 가져야만 행복해지는 것이죠. 사회문화적인 분위기가 우리를 그렇게 길들이고 강화시켰다고 볼 수도 있지만, 한국인의 뇌 자체가 많이 가져야 행복해지는 '욕심꾸러기 뇌'일 수도 있어요.

우리나라 사람들은 굉장히 욕심이 많습니다. 그것이 꼭 나쁘다고만은 할 수 없죠. 그 욕심이 원동력이 되어서 열심히 살 수 있으니까요. 대한민국 사람들만큼 열심히 사는 사람들이 어디 있습니까.

앞서 돈을 어떻게 쓸지 계획하고 시뮬레이션을 해야 한다고 했습니다. 그런데 여기서 명심해야 할 것은 '태도'입니다. 어떤 태도로 시뮬레이션을 하고 행동하는지도 잘 생각해봐야 합니다. 우리 어른들은 아이들에게 괜스레 '우리 못난이, 못난이 자식' 이런 말들을 하곤 합니다. 평소에 칭찬을 하다가도 불쑥불쑥 '못난이 같은 자식'이라고 하는 거죠. 그런데 이런 말을 반복적으로 듣게 되면 은연중에 자신이 진짜 못난이인 것 같다고 생각하게 됩니다. 여기에 민감해지면 심리적으로 굉장히 위축될 수 있죠. 실제로 내가 할 수 있는 일인데 못 하는 경우가 상당히 많습니다. 그래서 태도나 자세가 굉장히 중요합니다.

이와 관련이 있는 중요한 연구들에서는 '내가 자세를 어떻게 취하는지'가 내 판단과 결정에 상당히 큰 영향을 미친다고 말합니다. 심리적으로 위축되어 있으면 소심하게 결정을 내리고, 당당한 상태라면 과감한 결정을 내릴 수 있다는 것이죠. 말을 할 때도 '할 수 있다'라고 외치면 실제로 할 수 있게 됩니다. 2016년 리우 올림픽에서 우리나라 펜싱 국가대표 박상영 선수가 경기를 앞두고 '할 수 있다'고 되뇌던 장면을 다들 기억할 겁니다.

'할 수 있다'고 외치면서 마음속으로도 자신이 그럴 수 있다고 믿어야 합니다. TED 특강에도 나온 댄 길버트Dan Gilbert 라는 심리학자는, 원하는 것을 이룰 때까지 마치 그것을 이룬 것처럼, 그런 사람이 된 것처럼 행동하라고 합니다. 댄 길버트는 과거에 학업 성적도 좋지 않고, 마약에 히피에 질풍노도의 시기를 거쳤지만 지금은 하버드대학교 심리학과 교수로 재직하고 있습니다.

우리가 책상 앞에 '할 수 있다'라고 붙여놓는 것이 실제로 효과가 있다는 겁니다. 단순히 '할 수 있다'라고 적는 것보다 구체적인 목표를 적어놓으면, 그 목표를 이룰 확률도 더 올라간다고 합니다.

스톱 시스템 대신 노고 시스템을

어떤 결정을 내리는 그 순간만을 놓고 본다면 가슴이 두근거릴 때 하는 결정은 좋은 결정일 수 없지만, 차분한 상태에서 가슴이 두근거리게 만드는 결정은 굉장히 좋은 결정이라고 할 수 있습니다. 가슴이 두근거리는 상태는 좋건 나쁘건 안정적이지 못한 상황일 겁니다. 그럴 때는 직관 능력이 제대로 발휘될 수 없겠죠. 반면 차분한 상태에서 어떤 직관이 발동하면서 가슴이 두근거린다면, 그것은 과거의 수많은 경험들이 그 직관과 만나 순간적으로 '이게 맞는 거야'라고 이야기해주는 순간일 겁니다.

우리는 무엇을 '해야 하는' 결정을 내리기도 하지만, '하지 말아야' 하는 것을 결정해야 할 순간들도 많습니다. 의지력을 발휘해서 '하지 말아야 한다, 하지 말아야 한다'고 계속 생각하죠. 일종의 스톱 시스템Stop System을 이용하는 겁니다. 그런데 아이러니하게도 '하지 말아야 한다'고 머릿속으로 계속 생각을 하면서도 실제로는 나도 모르게 그 행동을 하고 있는 자신을 발견할 때가 많습니다.

이럴 때는 스톱 시스템보다는 노고 시스템NoGo System을 활용하면 현명한 결정을 내리는 데 굉장히 도움이 됩니다. 노고 시스템은 먹을 것을 앞에 두고 먹지 말아야 한다고 생각하는 게 아니라, 먹을 것을 치워버리거나 아예 다른 곳으로 가는 방법입니다. 그러면 그 상황에서 더 쉽게 벗어날 수 있습니다. 이것이 바로 노벨 경제학상을 수상한 리처드 테일러Richard E. Taylor가 이야기한 일종의 '넛지'라고 할 수 있습니다.

스마트폰 때문에 잠이 안 온다고 하지 말고, 잠자리에 들기 전에 스마트폰을 다른 데 두거나, 아예 침실로 가져가지 않는 방법이 더 효과적입니다. 실제로 한 생산기업에서는 직원들이 휴대전화를 보다가 사고가 자주 발생했습니다. 그래서 업무 중에 '휴대전화를 보지 맙시다'라고 캠페인을 벌였지만 소용이 없었습니다.

이때 노고 시스템을 적용하면, 캠페인 문구를 '휴대전화를 주머니(혹은 가방)에 넣읍시다'라고 바꾸는 겁니다. 이런 캠페인을 벌였더니 실제로 업무 중 과실이나 사고가 현저하게 줄었다고 합니다. 인간을 기본적으로 시험에 들게 하는 환경을 없애준 것이죠.

지금까지 소변, 참기, 결정 능력과 관련해서 여러 연구와 논문을 통해 정말로 다양한 이야기들을 나누었습니다. 누구나 하고 있지만, 아무도 중요하게 생각하지 않았던 일들도 세심하게 들여다보면 우리의 삶에 큰 도움이 된다는 걸 알 수 있었습니다. 중요한 결정을 앞두고 있다면, 성급하게 결론을 내리기보다는 지금까지 이야기한 여러 가지 방법들을 통해 현명한 결정을 내리시길 바랍니다.

거짓말을 잘하고 많이 하는 시기가 따로 있다?!

세상에 태어나서 거짓말을 한 번도 안 해본 사람이 과연 있을까요? 크기의 차이, 의도의 차이는 있겠지만 아마도 거짓말을 한 번도 안 해봤다는 말만큼 진실된 거짓말도 없을 겁니다.

이번에 소개할 이그노벨상의 주제는 바로 거짓말입니다. 이 연구를 간단히 소개하자면 인간의 일생에서 거짓말을 가장 잘하고 많이 하는 시기가 있는데, 그것이 바로 우리의 전성기와 일치한다는 엉뚱하면서도 기발한 내용을 담고 있습니다. 지금부터 어떤 연구인지 자세히 살펴보겠습니다.

거짓말도 능력이다?!

2016년에 이그노벨상 심리학상을 받은 이 논문의 제목은 '어린 피노키오에서 어른 피노키오까지: 거짓말의 횡단면적 수명 연구From junior to senior Pinocchio: A cross-sectional lifespan investigation of deception'입니다. 피노키오는 거짓말을 하면 코가 길어지는, 거짓말하는 아이의 대명사죠. 네덜란드에서 진행된 이 연구는 6세부터 77세까지 무려 1,000명 이상을 대상으로 어떤 연령대가 거짓말을 가장 잘하는지 조사했습니다. '6살이 무슨 거짓말을 해?'라고 생각하는 분들이 많을 텐데, 아마 아이를 키워본 분들은 잘 아실 겁니다. 또한 실제 연구에서도 3세 정도면 거짓말을 할 수 있다고 합니다.

이 연구에서는 나이에 따른 거짓말의 능력차뿐 아니라, 거짓말을 잘하게 하는 능력 이면에 존재하는 심리적, 인지적 특성도 관찰했습니다. 실험은 크게 억제 능력, 거짓말의 유창성, 거짓말의 빈도 이 3가지를 측정하는 방식으로 진행되었습니다.

첫 번째로 '억제 능력'은 '스톱 시그널 테스트stop signal test'라는 아주 간단하고 일반적인 도구를 사용했습니다. 실험 참가자에게 O와 X를 제시하고 그것이 나올 때마다 버튼을 누르게 합니다. 그러다 중간에 신호가 울리면 신호에 맞춰 버튼 누르는 것을 멈춰야 합니다. 즉 실험 참가자가 신호에 따라 얼마나 잘 멈추는지를 측정하는 것입니다.

두 번째 '거짓말의 유창성'은 실험 참가자에게 말도 안 되는 질문을 한 뒤, '진실'을 말하라는 신호와 '거짓'을 말하라는 신호를 줍니다. 예를 들어 한국에 살고 있는 사람에게 '지금 아프리카에 살고 있습니까?'라고 묻고 '진실'을 말하라고 하면 '아니요'라고 답해야 하고, '거짓'을 말하라고 하면 '네'라고 답해야겠죠. 그리고 거짓을 말할 때 얼마나 빠르고 정확하게 거짓말을 하는지를 측정했습니다.

세 번째 '거짓말의 빈도'를 측정하기 위해서 실험 참가자에게 '오늘 하루 동안 거짓말을 몇 번 했습니까?'라고 묻습니다. 그러면 참가자가 몇 번 했다고 대답을 하겠죠. 사실 이 세 번째 방법은 신빙성이 약간 떨어질 수 있습니다. 이것과 다른 어떤 연구에서는 대부분 사람들이 하루에 1.6~7번 정도 거짓말을 한다고 하는데, 사실 하루에 두 번 이상 거짓말을 했다고 사실대로 말하기는 약간 꺼려집니다. 즉 두 번 정도는 괜찮지만, 그 이상은 불편하게 생각한다는 겁니다. 그래서 오늘 거짓말을 몇 번 했느냐는 질문에 답을 하는 그 순간 거짓말을 한 번 더 하고 있다고도 볼 수 있겠죠.

거짓말의 능력과 억제 능력

이 연구에서 재미있는 점은 거짓말의 능력과 '억제 능력'의 관련성을 살펴봤다는 점입니다. 사실 거짓말을 하려면 머리를 정말 많이 굴려야 하죠. 거짓말을 할 때 전제조건은 일단 진실이 뭔지 알아야 한다는 것입니다. 진실이 뭔지를 모르면 거짓말을 할 수 없죠. 그러니까 머릿속에 진실을 계속 유지하고 있어야 합니다. 이 유지 능력은 인간의 중요한 인지 능력 중 하나죠.

진실을 머릿속에 계속 집어넣고 있는 상태에서, 그다음에 중요한 것은 진실을 억누르고 거짓말을 하는 것입니다. 이것이 억제 능력입니다. 관건은 진실을 이야기하다가, 어떤 부분에서 적절하게 필요한 사항만 거짓말을 해야 한다는 것입니다. 처음부터 끝까지 다 거짓말을 하면 사람들이 믿지 않습니다. 진실을 말했다가 거짓말을 했다가, 그 경계를 능수능란하게 왔다 갔다 할 수 있는 '전환 능력'이 있어야 합니다.

유지, 억제, 전환 능력 이 3가지는 인간 두뇌의 CPU 역할을 하는 '작업 기억'에서 가장 중요하게 다뤄지는 능력입니다. 속된 말로 머리 좋은 사람이 거짓말도 잘한다고 볼 수 있겠습니다.

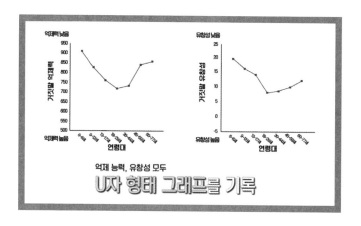

억제 능력, 유창성 모두
U자 형태 그래프를 기록

실험에서 연령대는 6~8세, 9~12세, 13~17세, 18~29세, 30~44세, 45~59세, 60~77세까지로 나누어 가장 어리게는 유치원생부터 가장 많게는 70세 이상까지 폭넓게 조사했습니다.

먼저 '억제 능력'을 살펴보면 당연히 어린아이들일수록 억제 능력이 가장 떨어집니다. 나이가 들수록 쭉 향상되다가 청년기에 그 능력이 최고치에 달하죠. 그러다 노년기에 접어들수록 다시 그 능력이 떨어집니다. 그래프로 그려보면 뒤집어진 U자 모양을 그리게 되죠. 그런데 이 억제 능력의 변화 양상과 거짓말하는 능력의 차이가 정확히 일치합니다.

거짓말하는 능력도 마찬가지로 어렸을 때 가장 낮고 나이

거짓말 빈도 조사

Age group	n	% female	Lying frequency M (SD)
Early childhood	102	53	1.75 (4.82)
Midchildhood	295	54	2.59 (4.92)
Adolescence	101	53	2.80 (3.08)
Young adulthood	83	67	1.94 (2.62)
Midadulthood	216	67	2.06 (5.22)
Older adulthood	134	49	1.82 (3.16)
Seniors	61	69	1.57 (2.47)
Total	992	58	2.19 (4.34)

출처 : 논문 〈From junior to senior Pinocchio:
A cross-sectional lifespan investigation of deception〉

가 들면서 점점 향상되어 청년기에 가장 잘하다가 나이가 들면서 또다시 그 능력이 떨어지는 양상을 보입니다. 이처럼 억제 능력과 거짓말의 유창성은 밀접한 관련이 있습니다.

반면 거짓말의 빈도는 양상이 조금 다릅니다. 어린아이들일수록 빈도가 상당히 높게 나타나고 나이가 들수록 점점 줄어들기 때문입니다. 그런데 앞서 잠깐 언급했듯이 이 '거짓말의 빈도'는 신빙성이 조금 떨어집니다. 실제 거짓말을 한 횟수보다 적게 이야기할 가능성이 높기 때문이죠.

인지 능력이 발달하면
거짓말도 는다

이 연구에서 흥미로운 점은, 거짓말하는 능력과 인간의 인지 능력이 상당히 밀접한 관계가 있다는 것을 밝혀낸 부분입니다. 그렇기 때문에 거짓말하는 능력은 인지 능력의 발달 정도에 따라 청년기에 가장 뛰어나고, 유년기나 노년기에는 떨어진다는 결론을 내릴 수 있겠죠.

이 능력이 어린아이가 아니라 13~17세 청소년기에 가장 높다는 연구 결과에 주목해볼 때, 중고등학생들이 거짓말을 가장 많이 한다고 결론을 내릴 수 있습니다. 왜 그런지 그 이유를 따져보면 여러 가지 재미있는 생각들을 해볼 수 있겠죠.

한 가지 가설은, 이 연령대에 거짓말을 해야 하는 상황에 가장 많이 맞닥뜨린다는 것입니다. 엄마가 "너 공부했어? 숙제 다 했어?"라고 물을 때 자연스럽게 거짓말을 많이 하게 되는 시기라는 것이죠. 또 나이가 어리면 사실대로 말해도 혼나지 않을 거라고 생각할 수 있습니다. 오히려 성인기에는 진실을 얘기해도 '그래, 그럴 수 있지, 그럴 때야'라면서 다독여주는 분위기인데, 청소년기에는 사실대로 말했다가는 엄청나게 혼날 수 있는 상황이 종종 생기죠. 이 시기는 가정에서, 학교에서 부모님이나 선생님에게 감시와 통제를 많이 받기 때문에 사실 그대로 얘기하면 처벌을 받을 거라는 두려움이 가장 클 수도 있습니다.

또한 청소년기는 부모님과 선생님과의 관계뿐 아니라 사회 속에서 나 자신을 제대로 찾아가기 시작하는 때입니다. 그러니까 다른 사람과의 관계, 친구들과의 관계에서 어쩔 수 없이, 혹은 선의에서, 또는 자연스럽게 나오는 거짓말의 빈도가 높아지는 것이죠.

그런데 한편으로 청소년기에는 자신의 거짓말을 솔직하게 인정하기 때문에 빈도가 더 높게 나오는 건 아닐까 하는 생각도 듭니다. 어른들은 자신이 거짓말을 하고도 인지를 못하는 경우가 종종 있거든요. 심지어 자기가 한 거짓말을 진짜라고 믿어버리는 일도 비일비재합니다. 컬럼비아대학교의 유명한 심리학자 토리 히긴스Tori Higgins는 '말하는 대로 믿는다Saying is believing'라는 말을 했죠. 거짓말을 많이 하게 되면 진짜라고 믿게 된다는 겁니다. 하지만 이 말을 긍정적으로 해석하면, 실제로 그렇지 않더라도 그렇다고 믿으면서 노력하면 그것이 현실이 될 수도 있다는 것이죠.

인간이 거짓말을 하는 이유는?

거짓말. 우리 모두가 합니다. 살면서 어떻게 거짓말을 한 번도 안 하고 살 수 있겠습니까? 그렇다면 거짓말을 왜 할까요? 한번쯤은 생각해볼 문제입니다. 사람들이 심리학자에게 가장 많이 묻는 질문 중 하나이기도 합니다.

먼저 크게 2가지로 생각해볼 수 있습니다. 거짓말을 해서 뭔가 얻는 게 있을 때, 그리고 내가 어떤 사실에 대해 잘 모를 때입니다. 첫째, 거짓말을 해서 뭔가를 얻는다는 건, 처벌을 피하거나 보상을 받는다거나, 더 좋은 평가나 명성을 얻거나 내가 가진 권력을 과시하는 등 다양한 상황을 상상해볼 수 있습니다. 두 번째로 어떤 사실을 잘 모를 때, 당황함을 숨기거나 모른다는 사실을 가리기 위해 거짓말을 합니다.

진화심리학자들은 좀 더 흥미로운 주장을 합니다. 거짓말이라는 것 자체가 사회에 이로운 행동의 결과물이라는 것입니다. 사람들이 사회에서 서로 어울려 살아가다 보면 남들과 더 잘 지내기 위해 거짓말을 할 수밖에 없는데, 이것이 사회생활을 더 윤택하게 한다는 주장이죠.

거짓말은 우리의 언어 발달과도 밀접한 관련이 있습니다. 진화적으로 언어가 발달하면서 인간은 필연적으로 거짓말을 유창하게 할 수 있는 도구를 얻게 된 것이죠. 사실 거짓말은 '말'입니다. 흔히 눈빛은 거짓말을 못 한다고들 하죠. 즉 언어로 거짓을 행하는 과정에서 사람들끼리 상호작용을 하고, 그것이 사회 유지에 도움이 된다는 논리입니다. 한마디로 거짓말의 '순기능'을 역설하고 있죠.

발달심리학이나 인지 발달 측면에서 거짓말은 판타지를 생산해내는 능력과 결부시킬 수 있습니다. 인간의 지적 능력은 매우 뛰어나서 존재하지 않는 것, 실제로 일어나지 않은 일을 가정하고 이야기를 진행시킬 수 있습니다. 판타지를 창조하고 소비하는 이러한 능력 덕분에 아이들은 상상으로 스토리를 만들고, 스스로 혹은 남한테 이야기면서 그 반응을 즐깁니다. 이런 능력이 나타나기 시작하는 시기와 아이들이 처음으로 거짓말을 하는 시기가 대부분 일치합니다.

즉 거짓말이나 판타지는 존재하지 않는 것에 대한 믿음 체계를 구축해나가는 인간의 특징이 만들어낸 부산물이라고 할 수 있습니다. 실체가 없는 것을 서로 믿고 거래하는 대표적인 것이 바로 '돈'입니다. 판타지를 인간만이 가지고 있는 고유한 특징이라고 봤을 때, 거짓말도 인간에게서 관찰되는 굉장히 정교한 인지과정이라고 할 수 있습니다.

거짓말은 에너지 소모가 크다

부모님들은 흔히 자녀의 첫 거짓말을 경험하고 나면 굉장히 충격을 받고 걱정을 많이 합니다. 그러나 절대 속상해할 필요 없습니다. 거짓말을 할 수 있다는 건 그만큼 인지 능력이 한 단계 발달했다는 의미니까요. 존재하지 않는 일에 대한 심적 처리과정mental process이 가능해야만 거짓말도 할 수 있습니다. 그래서 판타지를 창조하거나 즐기는 과정에는 거의 대부분 거짓말이 뒤따르죠. 연구에 따르면 4세 아동의 38% 정도가 이런 현상을 보인다고 합니다.

이렇게 볼 때 고도의 인지 능력이 필요한 거짓말은 사실상 중노동입니다. 거짓말을 하려면 뇌에서 존재하지 않는 사건들을 연결해서 붙이고, 일어난 실제 사건들은 억누른 채 다른 이야기를 해야 하기 때문에 에너지가 많이 소모될 수밖에 없습니다.

거짓말을 하기 위해 많은 에너지를 쏟아붓기 때문에, 사람들은 자신의 특정 습관들을 자제하는 데 소홀해집니다. 즉 거짓말을 하는 과정에서 자제력을 상실하기가 매우 쉽다는 말입니다. 이를테면 거짓말을 밥 먹듯이 하는 사람들은 위급한 상황에서 거짓말을 하고 난 뒤 에너지가 바닥나서 공공장소에서 진상을 부리거나 갑질을 하는 등의 소란을 벌이기도 합니다. 노련한 수사관들은 어떤 용의자가 사기를 저질 렀는지 아닌지 조사하기 위해, 그 사람이 사기를 저지른 뒤 에 찾은 업소, 식당, 주점 등에 가서 그들의 행동이 어땠는지 탐문한다고 합니다. 이들의 행동이 얼마나 절제력을 상실했 는지 조사하는 것이죠.

앞서 거짓말의 유창성을 실험하는 부분에서 살펴봤듯이, 사람들은 어떤 질문에 거짓으로 대답할 때 시간이 좀 더 오 래 걸립니다. 즉 머리를 쓰는 데 시간이 걸리는 것이죠. 말하 자면 거짓말은 뇌가 아주 열심히 일한 결과물이라고 볼 수 있습니다.

이 연구의 독특한 점은 거짓말을 할 때 걸리는 반응 시간 을 측정했다는 것입니다. 보통은 거짓말을 어떻게 하면 잘 탐지할 수 있을지 그 방법에 초점을 맞춰서 연구가 진행되는 데, 이 연구는 진실을 말할 때와 거짓을 말할 때 걸리는 시간 을 비교해서 그 차이를 보여줬습니다. 이것이 이전 연구들과 의 차이점이라고 할 수 있습니다. 거짓말을 하려면 머리를 많 이 써야 하는데, 그것을 반응 시간이라는 지표로 측정한 것 입니다.

거짓말은 건강에 해롭다

거짓말과 건강의 관련성을 살펴본 연구도 있습니다. 애리조나대학교의 애니타 켈리Anita Kelly 교수는 10주 동안 18~70세까지 다양한 연령대의 사람들 110명을 대상으로 거짓말 실험을 했습니다. 일부는 거짓말을 하게 하고 또 일부는 거짓말을 하지 않게 했습니다. 그런 다음 두통이나 목 부위의 통증, 신경의 긴장도 등 다양한 건강 지표를 측정했습니다. 그랬더니, 거짓말을 한 그룹이 그렇지 않은 그룹보다 이 지표들이 더 좋지 않게 나왔습니다.

이것은 실험 상황이기 때문에 거짓말을 해도 되는 그룹 역시 실제 상황에서보다는 마음이 가벼웠을 겁니다. 위기를 모면하거나 무언가를 얻기 위한 것이 아니라 공식적으로 허가를 받고 거짓말을 해도 되는 상황이니까요. 실험 후일담을 보면 심지어 피실험자들이 즐거워하기까지 했답니다. 그런데도 거짓말은 건강에 분명한 악영향을 끼쳤다는 것이죠.

따라서 이 연구뿐 아니라 후속 연구들은 다음과 같은 결론을 내립니다. 거짓말을 하려면 진실을 억제해야 합니다. 그런데 진실을 억제하는 기제가 어떻게 진실만 딱 골라서 억제하겠느냐는 것이죠. 거짓을 억제하다 보면 제대로 돌아가야 하는 다른 기능까지 억제하게 되니까요.

예를 들어 우리가 파리 한 마리를 잡으려고 파리채를 내리치면, 파리만 정확하게 때리는 게 아니라 파리채의 면적만큼 다른 영역까지 때릴 수밖에 없습니다. 이와 마찬가지로 진실을 억제하기 위한 억제 기제는 신체를 원활하게 돌아가게 하는 다른 일반적인 기능에까지 영향을 미친다고 추정할 수 있습니다. 따라서 기본적으로 거짓말은 건강에 해롭다는 결론을 내릴 수 있겠죠.

앞서 '소변 참기'에 관한 이그노벨상을 소개하면서 소변을 참을 때 억제 기제가 더 잘 작동한다는 얘기를 했습니다. 즉 억제 기제가 전이되어서, 거짓말을 할 때도 거짓과 관련된 단서를 훨씬 더 잘 억제할 수 있다는 것이죠. 억제 능력은 거짓말과 밀접한 관련이 있고, 거짓말을 할 때 다른 신체 기능까지 억제하기 때문에 건강 지표가 나빠질 수 있다고 할 수 있습니다.

한 가지 덧붙이자면, 어릴 적에 친구들에게 거짓말을 많이 한 아이들은 성인이 되었을 때 대인관계가 원만하지 못하다는 연구 결과도 있습니다. 거짓말이 당사자의 정신건강에 해롭다는 건 말할 것도 없고요.

거짓말보다 위험한 개소리

최근 이그노벨상은 '거짓말' 연구 같은 주제에 초점을 맞춰왔지만, 아마 앞으로는 이런 것에 대해 더 많은 관심을 갖지 않을까 예상합니다. 바로 영어로는 'bullshit'인데요. 순화한 우리말로는 '헛소리' 정도가 되겠지만 사실 어감을 살리자면 '개소리'가 정확할 겁니다. 프린스턴대학교 철학과 교수인 해리 프랭크퍼트Harry G. Frankfurt 교수는 실제로《개소리에 대하여On Bullshit》라는 책을 내기도 했습니다. 거짓말은 진실을 은폐하고 있기 때문에, 거짓말하는 사람은 적어도 진실이 뭔지 알고 있습니다. 그런데 개소리는 당사자가 진실에 관심이 없습니다. 그저 자기가 하고 싶은 얘기만 하는 거죠.

해리 프랭크퍼트 교수는 개소리가 왜 거짓말보다 위험한지를 꼼꼼하게 분석했습니다. 거짓말하는 사람들은 팩트를 들이대면 피할 수 없는 증거 앞에서 당황하고 무너집니다. 하지만 개소리를 하는 사람들은 아무리 사실을 얘기해봐야 소용없습니다. 그런 사실이 존재하지 않는다고 부정해버리면 되거든요.

차라리 거짓말하는 사람들은 교화라도 가능하지만, 개소리 하는 사람들은 자기가 믿는 것을 계속 얘기하는 것뿐이기 때문에 변화 자체가 불가능하다고 연구자들은 말합니다.

최근에는 세상에 진실과 거짓만 존재하는 게 아니라, 그 사이에 더 위험한 개소리가 존재한다는 데 관심이 높아지고 있습니다. 이그노벨상도 이쪽에 주목하고 있고요. 개소리는 거짓말보다 이상하고 사회를 병들게 할 가능성이 높다고 생각하는 것이죠.

실제로도 거짓말하는 사람보다 개소리를 하는 사람이 세상을 혼란스럽게 하는 모습을 많이 볼 수 있습니다. 개소리는 언뜻 들으면 그럴듯하지만, 계속 듣다 보면 도대체 무슨 소린지 전혀 이해가 안 가고 솔직히 담고 있는 내용도 별로 없습니다.

구글을 검색해보면 '불쉿 제너레이터Bullshit Generator'라는 재미난 사이트를 찾을 수 있습니다. 우리말로 번역하면 '개소리 생성기' 정도가 되겠는데요. 클릭 한 번만 하면 개소리를 만들어주는 사이트입니다. 굉장히 고상한 단어들을 나열해서 문장을 만드는데, 언뜻 들으면 그럴듯해 보이지만 가만히 생각해보면 말도 안 되는 문장들인 거죠. 예를 들어 '인생은 고뇌하는 창고에 핀 하얀 꽃이다'라는 문장을 읽으면 처음에는 뭔가 심오한 뜻을 담고 있는 것 같습니다. 하지만 아무리 시인의 상상력을 발휘해봐도 도무지 무얼 말하려는 건지 알수 없죠.

선의의 거짓말,
정말 선의일까?

또 하나, 거짓말 하면 떠오르는 것 중에 '선의의 거짓말'이라는 게 있습니다. 영어로는 '화이트 라이', 하얀 거짓말이라고도 하죠. 우리가 사회생활을 하면서 의례적으로 하는 말들이 있습니다. 이를테면 '오늘 멋져 보이네요'라든가 '요즘 좋은 일 있으세요?'라는 말들입니다. 이런 말을 하면 듣는 사람은 약간 무방비 상태가 됩니다.

선의의 거짓말은 인간관계의 윤활유 같은 존재라고 할 수 있죠. 그래서 우리가 살아가는 데 꼭 필요하고, 선의에서 비롯된 것이니까 무조건 좋은 것이라고 생각하기 쉽습니다. 그런데 과연 선의의 거짓말은 정말 좋기만 할까요? 먼저 선의의 거짓말을 언제 많이 하는지 한번 생각해봅시다.

가장 흔하게 생각할 수 있는 경우는 상대방에게 친절하게 대해야 할 때일 겁니다. 그러면 왜 친절하게 대해야 할까요? 여러 가지 상황이 가능하겠지만, 일반적으로 생각하면 관계나 분위기를 좋게 만들기 위해서겠죠. 이때 이 선의는 꼭 상대방을 위한 것일까요? 어쩌면 그 선의는 나를 향한 것일지도 모릅니다. 상대방이 아니라 솔직히 나에게 이익이 되는 것이죠.

중요한 회의가 있는 날인데, 동료의 복장이 별로인 것 같아 보입니다. 그래도 '오늘 멋져 보이네요'라며 선의의 거짓말을 하는 게 나을까요. 아니면 '그보다는 다른 복장이 더 적절할 것 같아요'라고 말하는 게 더 올바른 일일까요. 선의의 거짓말 대신 진실을 말한다면 어떨지 생각했을 때, 지금이 선의의 거짓말을 할 타이밍인지 진실을 말할 타이밍인지를 따져봐야 합니다. 두 경우의 결과가 비슷하거나 진실을 말하는 게 더 나을 때는, 진실을 말할 수 있는 용기가 필요합니다.

아무리 선의의 거짓말이라도 거짓말은 거짓말이기 때문에 나 자신은 그것이 진실이 아니란 걸 인식하게 됩니다. 거짓말을 하려면 진실을 억눌러야 하죠. 그러다 보면 다른 기능들도 억눌러야 하기 때문에 결국은 나 자신에게 좋지 않은 영향을 끼친다는 연구들도 있습니다.

어떤 측면에서는 사회에서 선의의 거짓말을 조장하는 분위기가 있습니다. 우리가 흔하게 하는 말 중에 '분위기를 맞춰라'라는 말이 있죠. 분위기를 맞추려면 아닌 것도 맞다고 하면서 선의의 거짓말을 해야 합니다. 이런 말은 대개 친절한 사람들이 훨씬 잘하죠. 상대방에게 상처주지 않고 친절하게 대하려면 자의든 타의든 선의의 거짓말을 해야 하니까요. 그리고 거기에 대해서 죄책감도 별로 느끼지 않습니다.

가만히 생각해보면 일반적으로 친절한 사람들이 훨씬 더 거짓말을 많이 합니다. 그런데 우리는 친절한 사람들은 거짓말을 하지 않을 거라고 생각하죠. 거짓말을 많이 하는 사람들은 친절한데, 남들은 오히려 친절한 사람이 거짓말을 안 할 거라고 생각한다? 이 상황을 살짝 비틀어보면 사기꾼이 사기 치는 상황이랑 똑같습니다. 이 세상에 불친절한 사기꾼은 없습니다. 그러니 그걸 거짓말이라고 생각하기 힘들죠. 거기서부터 시작해서 자꾸 빨려 들어가는 겁니다. 그러니까 선의의 거짓말이라고 해서 항상 괜찮다고만 할 것인지 한번쯤은 고민해볼 필요가 있습니다.

앞서 선의의 거짓말은 나를 향한 것일지 모른다고 했는데, 같은 맥락에서 그것은 나를 지키기 위한 수단이기도 합니다. 예를 들어 회식에서 젊은 직원들과 함께 노래방을 갔는데 부장님이 언제나처럼 '아파트'를 부르려 합니다. 이때 과장이 "아파트! 탁월한 선택이십니다"라고 말합니다. 부장의 심기를 건드리지 않으려는 마음 또는 부장에게 잘 보이려는 과장의 자기 보호 본능이 발동한 것이죠.

이것은 선의의 거짓말이라기보다 '아부'에 가깝지만, 어쨌든 이렇게 분위기를 맞추려는 행동은 결국 부장님에게도 독이 될 수 있습니다. 젊은 직원들은 싫어할 테니까요. 이럴 때는 부장님의 심기를 건드리지 않고 노래방 레퍼토리를 바꾸게 만드는 사회적 기술이나 소통 능력이 필요합니다. 그렇게 단계적인 시도가 들어가야 하죠.

거짓말을 하지 않고도 사회생활을 잘하는 고수들은 이렇게 얘기합니다. "부장님, 회식 자리에서 '아파트'도 좋지만 요즘 노래 부르시면 젊은 직원들 반응이 더 좋아질 겁니다." 그러면 부장은 자존심은 좀 상하겠지만 '아, 다른 직원들이 아파트를 싫어하는구나'라며 자연스럽게 받아들일 수 있겠죠.

문제는 이런 말을 어떻게 '잘' 할 수 있느냐는 겁니다. 사실 사회생활의 연륜이 어느 정도 있어야 이런 말을 하는 사람도 말을 할 수 있고 듣는 사람도 들을 수가 있죠. 이런 단계에 오르기 전까지는 선의의 거짓말을 할 수밖에 없을 거예요. 소통에 능하고 상대방의 기분을 잘 어루만지는 사람들은 의외로 선의의 거짓말을 쉽게 생각하지 않습니다.

이들은 오히려 '그레이 라이'를 잘 활용하죠. 나쁜 의도로 거짓말을 하는 것도 아니고, 그렇다고 100% 선의도 아닙니다. 선의는 선의이되 결국은 진실을 가리는 게 아니라 상대방을 좋은 쪽으로 변화시킬 수 있는 정도의 거짓말인 거죠. 그레이 라이는 상대방이 진실에 관심이 없을 때 대화가 더 길게 이어지지 않게 끊어주는 순기능도 있습니다.

예를 들어 가게 주인에게 손님이 '요즘 장사 잘 되시죠?'라고 물었는데, 주인이 '매출이 짱이에요. 이러다 갑부 되겠어요'라고 말하면 사실이 그렇다 하더라도 손님은 좀 기분이 언짢아질 수 있을 겁니다. 손님은 정말 장사가 잘 되는지 안 되는지 관심이 있어서 물은 게 아니니까요. 그럴 때 주인은 '그냥 먹고살 정도는 됩니다'라고 얘기하는 게 적절할 겁니다. 그럼 그 정도에서 대화를 마치고 인사나 하고 넘어갈 수 있으니까요.

이런 게 바로 그레이 라이입니다. 대화를 적당한 수준에서 끊어주면서 사교적인 기능을 달성했으니 쌍방이 윈윈하게 만드는 거짓말인 것이죠. 이런 거짓말은 결과적으로도 좋고, 내 정신건강에 해롭지도 않으며, 상대방이 내 거짓말을 기억할 리도 없습니다.

거짓말을 '하얀색'과 '검은색'으로 나누는 이분법적 사고에서 벗어날 필요가 있습니다. 그러면 하얀색과 검은색을 어느 정도 비율로 섞을 것이냐의 문제가 남습니다. 이런 고민들 때문에 우리의 인생이 복잡 미묘해지고, 그런 가운데 계속 배울 만한 가치들이 생겨나는 것이겠죠.

남녀 간 거짓말의 차이

우리나라 사람들이 하는 그레이 라이를 잘 살펴보면 겸손이나 배려의 분위기가 잘 묻어납니다. 친구가 큰 병에 걸려서 오래 살지 못하는데, 친구에게 '너 괜찮아. 얼마든지 고칠 수 있어'라고 말하는 건 그레이 라이가 아닙니다. 친구에게 희망을 주기 위해서 그랬다고 할 수도 있지만, 뒤늦게 사실을 알게 된 친구는 당황하고 배신감을 느낄 수 있습니다. 이런 경우 사람들은 자신에게 사실을 숨겨서 준비할 시간을 주지 않은 것을 가장 많이 원망한다고 해요.

결국은 사실을 제대로 알려주면서 가능한 한 충격을 덜 주는 것, 그것이 가장 어려운 일 같습니다. 이 양쪽의 행위를 모두 하되 친절과 배려, 겸손이 담긴 회색지대의 감정에 대해 진지하게 고민해봐야 합니다.

우리나라 사람들에게서 유독 강하게 나타나는 특징 하나는 거짓말에 남녀의 차이가 존재한다는 것입니다. 사실 이것이 우리나라에서만 나타나는 특징인지는 조금 짚어봐야 합니다. 영어에 'mansplain'이라는 단어가 새로 생겼거든요. 'man'과 'explain'을 결합한 이 단어의 사전적 정의를 살펴보면 '주로 남성이 여성에게 아랫사람 대하듯 거들먹거리며 설명하다'라고 나와 있습니다. 이와 관련해서, 우리나라 남성들은 거짓말을 할 때 말이 길어지는 경향이 있고, 반대로 여성들은 오히려 말이 짧아진다고 합니다.

말이 길어진다는 것은, 내 거짓말을 지지하기 위해 존재하지도 않는 증거들을 자꾸 끌어모으기 때문에 생기는 현상입니다. 반면 여성들은 말을 하다 보면 거짓말이 발각될 수도 있다고 생각하기 때문에 아예 상황을 회피해버린다고 합니다. 이 밖에 다양하고 흥미로운 연구들이 《한국인의 거짓말》이라는 책에 소개되어 있습니다.

예를 들어 거짓말을 할 때 일반적으로 나타는 특징 가운데 하나가 바로 불필요한 행동이 증가한다는 것입니다. 거짓말을 하지 않을 때, 즉 그냥 있는 사실을 말할 때는 상대방의 눈을 보면서 자연스럽게 얘기합니다. 반면 거짓말을 할 때는 시선 처리가 부자연스럽습니다. 눈을 어디다 둬야 할지 모른 채 왔다 갔다 하죠. 혹은 침을 삼키거나 입술에 침을 바르는 등 굳이 필요하지 않은 행동들을 자꾸 반복합니다.

거짓말을 하면 남자들은 말이 길어진다고 했는데, 오히려 입을 꽉 다무는 행동도 보입니다. 그렇게 하면 마치 여기서 한 거짓말이 밖으로 새어나가지 않을 거라고 생각하는 것이죠. 일종의 '체화된 인지' 같은 현상으로 볼 수 있는데, 이처럼 평소에는 잘 하지 않는 불필요한 행동들의 빈도가 증가하는 경향도 나타납니다.

텍사스대학교 심리학과 교수이자 언어분석학자 제임스 페니베이커James W. Pennebaker는 이와 관련해 재미있는 논문을 〈사이언스〉에 발표했습니다. '정말 여성은 남성보다 수다스러울까?'라는 논문으로, 남성과 여성에게 각각 녹음기를 채우고, 아침에 일어나서 저녁에 잠들 때까지 한 말의 단어 수를 측정했습니다.

단어의 수는 남성과 여성에서 차이가 거의 없었습니다. 재밌는 사실은, 여성의 경우 하루 종일 말한 단어의 수가 매시간 일정했습니다. 반면 남성은 대부분의 시간 동안 거의 말을 안 하다가도 특정한 목적이 생기면 말이 폭발적으로 증가했습니다. 그러다 확 줄어들고 또 필요한 순간이 오면 폭발적으로 증가했다가 확 줄어들기를 반복했습니다.

그러니까 하루 동안 내뱉은 단어의 수를 다 합치면 실제로는 남성이 오히려 살짝 더 많습니다. 단, 남성은 목적이 생겼을 때 한순간에 몰아서 쏟아내는 거죠. 앞서 남성들은 거짓말을 강한 목적이 있을 때 한다고 했습니다. 즉 '남자들은 목적이 생겼을 때 말이 많아진다'와 '남자들은 거짓말할 때 말이 길어진다'는 같은 맥락으로 볼 수 있겠죠.

그렇다고 말을 많이 하는 남자는 무조건 거짓말을 한다고 생각하는 건 금물입니다. 인간은 사회를 유지하기 위해 언어가 발달하는 과정에서 거짓말을 잘할 수 있도록 진화했습니다. 반면 남의 거짓말을 탐지하는 능력은 거짓말하는 능력을 따라잡지 못했죠. 다시 말해 남의 생각을 읽는 능력은 언어 능력만큼 발달하지 못했습니다. 따라서 '이 사람은 말이 많네? 거짓말하는 게 틀림없어' 혹은 '이 사람은 말이 짧네. 진실을 말하고 있구나'라고 확신할 수 없다는 겁니다.

누군가가 거짓말을 하는지 아닌지를 알려면 그 사람의 평상시 상태를 알아야 합니다. 그 사람이 어떤 상황에서 평상시보다 말을 많이 했느냐 적게 했느냐를 보면 지금 거짓말을 하는지 아닌지 좀 더 잘 파악할 수 있죠. 평상시 그 사람이 어떤지 모르는 상태에서, '저 사람은 말이 많아. 눈빛이 흔들려' 이런 정보만 가지고 지금 거짓말을 하고 있다고 판단할 수는 없습니다.

우스갯소리지만, 심리학을 전공했다고 하면 많은 분들이 이렇게 묻습니다. "그래서 거짓말을 어떻게 알아내요?" 사실 심리학자들도 잘 모릅니다. 거짓말 탐지와 관련한 연구에서도 몇 가지 단서만 가지고 거짓말을 알아내는 건 불가능하다고 말합니다. 평상시 그 사람의 행동에 대해 잘 알고 있어야만 미세한 변화를 금방 감지할 수 있죠.

우리는 가족이나 친한 친구의 거짓말은 쉽게 알아차립니다. 하지만 잘 모르는 사람을 판단하기는 상당히 어렵죠. 그러니까 단서 한두 가지만으로 거짓말을 찾아내려는 행동은 피해야 합니다.

심리학자가 알려주는
거짓말에 당하지 않는 법

피노키오는 거짓말을 할 때마다 코가 길어지죠. 실제 연구 결과를 보면 서양 사람들은 거짓말을 할 때 카테콜아민이라는 신경 화합물질이 분비돼서 코 부분의 모세혈관이 팽창합니다. 코에 불편한 느낌이 드니까 자꾸 코를 만지게 되고 자꾸 만지니까 코가 점점 빨개지죠. 과거에 클린턴 전 대통령이 스캔들 때문에 증언할 때 코를 엄청나게 많이 만졌다는 기사들이 보도된 적이 있었습니다. 클린턴의 경우는 이미 방송 자료 등 수많은 데이터가 있었기 때문에 평상시에 이 사람이 코를 얼마나 만지는지 알 수 있죠. 그렇기 때문에 평소 습관에 비해 코를 많이 만졌다 적게 만졌다 판단할 수 있는 것입니다.

하지만 난생처음 보는 사람이 코를 많이 만진다고 해서, 그 정보 하나만 가지고 저 사람이 거짓말을 하고 있다고 판단하는 건 위험합니다. 게다가 우리나라 사람들은 서양 사람들에 비해 코를 많이 만지지 않는다고 하니까요.

말이 많아진다거나 코를 만진다거나 눈을 깜빡인다거나 하는 특정 신호 대신, 어쩌면 상대방을 있는 그대로의 상황에서 평상시 잘 관찰하는 것이 오히려 상대방의 거짓말에 당할 확률을 조금이라도 낮출 수 있는 효과적인 방법이 아닐까 합니다.

애리조나대학교 심리마케팅과 교수인 로버트 치알디니 Robert B. Cialdini는 《설득의 심리학》《초전 설득》으로 우리나라에도 잘 알려져 있습니다. 치알디니 교수는 다른 심리학자들이 보기에도 존경스러울 만큼, 현장에 나가 발로 뛰며 직접 체험하기로 유명합니다.

예를 들어 그는 보험 판매에서 어떻게 불법이 자행되는지 알아보기 위해 실제 보험 외판원 교육 프로그램을 이수합니다. 이렇게 어떤 일을 직접 해본 심리학자의 말이니 그만큼 울림이 강하죠. 보험 불법 판매는, 외판원이 사는 도시로부터 한 200km 정도 떨어진 곳에서 벌어집니다. 그런데 정작 판매는 외판원이 도착한 그 도시가 아니라, 그 도시로 갈 때 타고 간 버스 안에서 이뤄집니다. 아무래도 버스는 계속 달리기 때문에 정신도 없고 시끄럽기도 하니까요. 즉 시각과 청각 능력이 제대로 작동할 수 없는 곳에서 무언가를 파는 겁니다. 그리고 돌아오는 버스에서 또 다른 사람에게 보험을 파는 것이죠.

따라서 중요한 대화를 할 때는 조용한 데서 차분하게 해야 합니다. 상대방이 거짓말을 하는지 아닌지를 단편적인 정보만 가지고 무슨 거짓말 탐지기처럼 알아보려다 잘못된 결론에 도달하기보다는, 차분하게 그 사람을 관찰할 수 있는 곳에서 대화를 하는 것이 거짓말을 알아내는 유일한 방법일 수도 있습니다.

또한 우리는 항상 마음의 여유를 가져야 합니다. 마음이 조급해지면 판단력이 흐려지면서 겉보기에 뭔가 그럴듯한 정보에 마음이 쏠리기 마련입니다. 그럴듯한 정보란 복잡한 숫자나 어려운 단어가 들어가 있는 것들이죠. 내가 그 분야에 대해 잘 모른다면 이런 정보들에 여지없이 빨려들게 돼 있습니다.

정리하자면, 상대방의 거짓말을 잘 탐지하고 싶을 때는 그 사람이 제시하는 정보들을 한 발짝 떨어져서 생각해보는 여유를 가져야 할 것입니다.

정말 싼 게 비지떡일까?

'싼 게 비지떡'이라는 말 들어보셨죠. 비슷한 맥락에서 '비싼 만큼 제값을 한다' 이런 말도 있죠. 싸든 비싸든 돈에 초연할 수 있으면 좋겠지만, '나는 돈에 전혀 상관 안 해, 난 돈 필요 없어' 이런 분들은 별로 없을 거라고 생각합니다.

이번에 소개할 이그노벨상 논문은 바로 돈과 관련된 연구입니다. 돈과 관련된 연구인데, 2008년 이그노벨상 의학상을 수상했습니다. 이 연구 역시 평범하지 않고, 들어보면 절로 웃음이 나올 수밖에 없는 연구입니다. 간단히 말씀드리자면, 우리가 물건의 가격과, 관련된 '숫자'에 얼마나 큰 영향을 받는지, 또 가격이 얼마나 중요하고 무서운 효과를 가지는지 보여줍니다. 즉 가짜 약이라도 비싸야 효과가 있다는 것입니다.

재미있는 주제이긴 한데, 연구 결과를 들으면 약간 쓴웃음을 짓지 않을 수 없고 한번쯤 생각해보게 되는 연구인 것 같습니다.

비싼 약이 효과도 좋다

논문의 제목은 '위약과 치료 효과의 상업적 특징Commercial features of placebo and therapeutic efficacy'입니다. 비싼 가짜 약이 싼 가짜 약보다 효과가 높다는 가설을 제시하고 있습니다.

실험 방법은 간단합니다. 82명의 자발적 참가자들을 두 집단으로 나눈 뒤, 모두에게 가짜 진통제를 처방합니다. 이때 한 집단에겐 이 약이 개당 2.5달러짜리라고 얘기하고, 다른 집단에겐 개당 10센트짜리라고 말해줍니다. 여기서 핵심은 둘 다 가짜 약이라는 점입니다.

그런데 참가자들에게 약을 나눠주기 전후로 전기 충격을 가하고 각각 어느 정도로 고통을 느끼는지 측정합니다. 약을 먹기 전과 후의 고통의 정도가 어떻게 달라졌는지 확인해보는 것이죠. 사람들이 약을 먹은 뒤에는 '맞아, 내가 진통제를 먹었지' 하고 생각하기 때문에, 비싼 약이든 싼 약이든 둘 다 효과가 있었습니다. 다만 비싼 약의 경우는 85%가 '약을 먹기 전보다 고통이 덜하다'라고 말했습니다. 반면 싼 약을 먹은 사람들은 61%가 진통 효과가 있다고 답했습니다. 즉 차이는 있지만, 두 경우 모두 효과가 있었습니다.

이 연구의 재미있는 포인트는 전기 충격이 셀 경우 참가자들이 비싼 약의 효과가 좋다고 말하는 비율이 높았다는 점입니다. 반면 싼 약은 전기 충격이 약할 때는 조금 효과가 있는데, 셀 때는 별 효과가 없는 것 같다고 답했다고 합니다.

이 연구의 절묘한 아이디어는 바로 약의 가격을 사람들에게 알려줬다는 겁니다. 비싼 약은 2.5달러이고, 싼 약은 2.5달러에서 대폭 할인된 10센트였죠. 그러니까 내가 먹은 약의 효과도 가격이 할인된 만큼 심리적으로 줄어든다고 받아들이는 것입니다.

이 연구가 설명하고 있는 것은, '가격'이 치료 효과에 대한 기대에 영향을 미쳐서 실제로 치료 효과에 차이가 생겼다는 것입니다. 두 약이 모두 가짜였는데도 불구하고 말입니다.

이 논문의 공동 저자 가운데 단연 돋보이는 인물은 댄 애리얼리Dan Ariely 교수입니다.《상식 밖의 경제학》《부의 감각》 등의 저서로 우리나라에서도 큰 인기를 얻고 있는 심리학자

약의 가격이 할인된 만큼
치료 효과에도 심리적인 영향을 끼침

입니다. 현재 듀크대학교에 몸담고 있는 그는 학내에 고급통찰센터Center for Advanced Hindsight를 설립해 운영하고 있기도 합니다. 여기서 'Hindsight'란 사전을 보면 '일이 일어난 뒤에 사정을 알게 되는 것'이란 뜻이 있습니다.

우리가 아주 자주 하는 말 중에 '내가 그럴 줄 알았다' '거봐, 내가 뭐랬어'라는 말이 있죠. 솔직히 말하면 그런 일이 일어날 줄 진짜 아는 사람은 아마 없을 겁니다. 그런데도 '내가 그럴 줄 알았다'고 말하면서, 그 사람은 마치 정말 그런 일이 일어날 줄 알았던 것처럼, 전혀 당황하지 않은 것처럼 행동하곤 하죠. 댄 애리얼리는 바로 사람들의 이런 사후 확증hindsight에 주목하고 연구소까지 차린 것입니다.

'내가 그럴 줄 알았다'라는 말을 가장 많이 하는 사람은 아마도 '엄마'일 겁니다. 아이가 걷다가 넘어지면, 넘어지는 순간 '내 그럴 줄 알았어'라고 말하죠. 정말 넘어질 줄 알았다면 미리 넘어지지 않게 조심을 시켰어야 하는데, 사실은 그럴 줄 몰랐던 것이죠. 이처럼 우리는 어떤 일을 예측하고 있었다고 착각합니다.

플라세보 효과와 노세보 효과

사실 플라세보 효과, 우리말로 위약 효과는 오래전부터 잘 알려진 현상입니다. 위약은 '가짜 약'이라는 말인데, 플라세보를 이렇게 번역하면서 플라세보 효과에 대한 우리의 인식이 약간 부정적으로 왜곡된 면이 없잖아 있습니다. 가짜 약이라도 분명 효과는 있으니까요. 제2차 세계대전 당시 모르핀 같은 약이 부족했을 때 포도당이나 다른 약을 주고 진통제라고 하면 실제로 효과가 있었다는 얘기도 있습니다. 이렇게 진짜 약과 비슷한 정도의 효과가 있다면 이것을 가짜 약이라고 하는 게 과연 적절한지도 한번쯤은 생각해볼 점인 것 같습니다.

실제 약이건 가짜 약이건 약의 효과는 우리의 기대에서 나오는 것이 아닐까 합니다. 무언가를 먹음으로써 내 몸이 좋아질 거라고 기대하고 믿는 덕분에 몸이 좋아지는 부분도 있거든요. 이렇게 기대가 작용하는 것은 진화적으로도 굉장히 큰 연관성이 있습니다. 우리는 우리에게 해로운 환경과 이로운 환경을 잘 구분해야 했습니다. 이로운 환경에 있으면 내 상태가 좋아질 거라고 기대하게 되므로, 거기에 이름을 붙이는 것만으로도 효과를 볼 수 있습니다.

일종의 레이블링labeling 효과라고도 할 수 있습니다. 원래 굉장히 비싸고 좋은 약, 원래 좋은 약인데 가격이 할인된 약. 이런 식으로 이름을 붙이면 사람들의 생각에 영향을 주는 것이죠. 밤샘 작업하는 직장인들이나 수험생들이 많이 마시는 에너지 음료도 정가보다 싸게 사면 효과가 떨어진다는 말도 있습니다.

우리는 어떤 물건의 가격이 비싸면 혹은 싸면 '그 가격에 파는 이유가 있을 거야'라고 생각합니다. 동일한 에너지 음료인데도 가격을 할인하면 싼 음료가 돼버리면서 '그만큼 효과를 발휘하지 못할 거야'라고 생각한다는 것이죠. 그래서 플라세보 효과를 '기대 효과'로 번역하는 건 어떨까 합니다.

에너지 음료 이야기가 나왔으니 이와 관련된 재미있는 다른 실험을 한 가지 소개하겠습니다. 실험에서는 사람들에게 에너지 음료를 나눠주면서, 이 음료에 머리를 맑게 해주는 효과가 있다고 말합니다. 단, 한 그룹에는 이 음료가 비싼 것이라고 하고 다른 그룹에는 별로 비싸지 않은 것이라고 말합니다. 그런 다음 기억력 테스트를 했더니 비싸다고 한 음료를 마신 그룹이 싸다고 한 음료를 마신 그룹보다 훨씬 좋은 결과를 보였습니다. 실제 수행 능력에 차이가 생긴 것이죠.

비싼 만큼 더 효과가 좋아서 각성 수준을 훨씬 끌어올릴 거라는 기대 심리가 작용한 것입니다. 즉 기대 효과는 실질적인 결과로 이어지는 측면이 분명히 있다고 말할 수 있습니다. 이 기대 심리는 내가 기대하는 결과를 얻기 위해 긍정적인 행동을 더 많이 하게 만듭니다.

예를 들어 고가의 보약을 먹는 중이라고 하면, 비싼 약을 먹고 있으니 술자리의 유혹도 더 잘 뿌리치게 됩니다. 반면 그렇게 부담스럽지 않은 가격의 약을 먹는다면, '뭐 어차피 효과도 별로 없을 텐데 그냥 마시자' 하면서 생각 없이 행동하게 됩니다.

플라세보와 관련한 다른 연구들을 보면, 비싸고 효과가 좋고 큰 대가를 지불해야 하는 플라세보는 그 약을 복용한 다음 기대하는 효과 면에서 해로운 행동은 줄이고 이로운 행동은 늘리는 변화가 더 잘 나타난다고 합니다.

플라세보 효과는 피그말리온 효과와도 연관이 있습니다. 피그말리온 효과가 무엇일까요? 예를 들어 새 학기에 담임선생님에게, "올해 선생님 반에는 우리 학교에서 가장 뛰어난

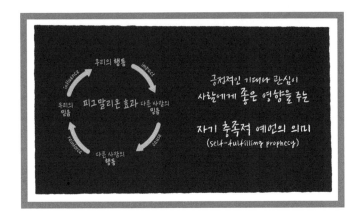

아이들이 모여 있습니다"라고 말한다고 합시다. 그러면 선생님은 반 아이들의 장점과 단점 중에 장점부터 봅니다. 그리고 장점을 더 키워주려고 칭찬을 해주고 북돋아주는 행동을 하게 되죠. 반면 다른 반 선생님에게는 "선생님 반에는 성적이 가장 떨어지는 아이들만 모여 있습니다"라고 하면, 그 선생님 눈에는 아이들의 단점이 먼저 그리고 더 크게 보일 겁니다. 그런데 이 두 정보가 모두 가짜라면 어떨까요? 아마 두 반 아이들의 학년 말 성적에는 크나큰 차이가 생기겠죠.

즉 비싼 플라세보를 받은 사람들은, 비싸니까 그 약효를 상쇄시키는 행동은 피하고 그 약값이나 약효에 걸맞은 행동을 합니다. 즉 자기 몸을 더 신경 써서 돌보고 편안하게 해주는 것이죠.

반면 '이게 이렇게 비싸?' 하면서 '어디 비싼 값을 하는지 두고 보자' 하는 분들도 있을 겁니다. 그게 감기약이라고 한다면, 찬물로 목욕을 하거나 찬바람을 쐬는 등 일부러 감기에 걸릴 만한 행동을 하는 것이죠. 좋게 말하면 실험정신이 강하고 아니면 청개구리 같다고 할 수 있는 성격의 소유자들이 분명히 있습니다. 이런 사람들이 보이는 효과를 플라세보 반대 효과라고 합니다.

플라세보 효과는 많은 연구자들이 오랫동안 연구해왔습니다. 그 가운데 아주 오래된 연구를 하나 소개하겠습니다. 맥주를 여러 개 나열해놓고 사람들에게 어떤 맥주가 가장 맛있는지 평가하게 합니다. 맥주에는 50센트, 1달러, 2달러… 이런 식으로 가격표를 붙여놓습니다. 사실 같은 맥주인데도 사람들은 2달러짜리 맥주가 가장 맛있었다고 말했습니다. 맥주뿐 아니라 와인, 커피 등 다른 기호식품들로 다양한 연구를 해봤는데 결과는 모두 비슷했습니다.

극단적인 사례들도 있습니다. 별로 깊지 않은 물에 빠졌는데 그게 깊은 물인 줄 알고 허우적대다가 목숨을 잃은 일도 있고, 냉동트럭에 갇혔는데 트럭이 고장 나서 상온 상태였는데도 얼어 죽은 유명한 사건도 있었죠.

이렇게 관련 분야를 넓혀서 플라세보 효과를 살펴본 일반적인 사례들도 있지만, 연구는 거의 실제로 약을 복용하는 의학 분야에 초점이 맞춰져 있습니다. 제약회사에서 신약을 개발할 때 항상 플라세보 효과를 적용하니까요. 최근에 사회적인 관계에서도 플라세보 효과가 작용할 수 있다는 연구가 있어서 이를 소개해보겠습니다.

우리 몸의 호르몬 중에 '옥시토신'이 있는데, 이 호르몬은 우리가 남을 돕거나 도움을 받을 때 나오는 호르몬입니다. 실험은 옥시토신의 플라세보 효과를 살펴본 것입니다. 한 그룹에는 진짜 옥시토신, 다른 그룹에는 가짜 옥시토신(소금물)을 스프레이 형태로 얼굴에 뿌려줍니다. 그리고 나머지 한 그룹은 통제집단입니다. 그랬더니 가짜 옥시토신을 뿌려준 그룹에서도 사회적인 관계에 대해 높은 신뢰도가 측정되었습니다.

측정 방법은 신뢰 게임을 이용했습니다. 예를 들어 투자자가 A에게 10만원을 투자하고, A는 그중 일부 금액의 3배만큼 B에게 투자합니다. 그러면 B는 그 금액을 본인이 다 가지거나, A에게 일정 금액을 돌려주는 것입니다. B에 대한 A의 신뢰도가 높다면 A는 돈을 많이 투자할 것이고, 그렇지 않다면 적게 투자하겠죠.

이런 방식의 게임에서 가짜 옥시토신을 뿌려준 사람들이 진짜 옥시토신을 뿌려준 사람들만큼이나 상대방에 대한 신뢰도가 높게 관찰되었습니다. 즉 사회적인 관계에서도 이런 식으로 플라세보 효과가 나타날 수 있다는 걸 알 수 있었습니다.

플라세보 효과와는 정반대되는 '노세보' 효과Nocebo Effect 도 있습니다. '해를 입게 되다'라는 뜻의 라틴어에서 유래한 노세보 효과는, 기대 때문에 역으로 상태가 나빠지는 것입니다. 플라세보든 노세보든 효과의 원리는 기대 효과로 똑같습니다. 그런데 어떤 것이 안 좋다, 해롭다 하는 암시를 계속 받게 되면 실제로는 그렇지 않는데도 안 좋은 효과가 나타나는 현상을 말합니다. 의사가 환자에게 얼마 못 살 것 같다고 이야기하면, 환자는 삶에 대한 의지를 완전히 포기하고 예상보다 더 빨리 사망하는 경우도 있다고 합니다.

또 학생들은 공부하기 싫을 때 "엄마, 나 오늘 몸이 좀 안 좋은 것 같아. 조금만 더 자고 일어나서 공부할게" 이렇게 이야기합니다. 그러면 엄마는 "그래, 이따가 괜찮아지면 일어나서 공부해"라고 대꾸하죠. 한숨 자고 일어나니 몸이 괜찮아진 것 같지만, 왠지 바로 일어나서 엄마한테 괜찮다고 말하면 안 될 것 같습니다. 실제로는 괜찮아졌는데, 엄마한테는 아직도 조금 회복이 안 된 것 같다고 이야기하죠. 그런데 신기한 건, 몸이 안 좋은 척하다 보면 정말로 기운이 없어지는 기분이 든다는 거예요. 이런 경우 역시 노세보 효과의 한 예라고 할 수 있습니다.

'가격'의 놀라운 효과

다시 논문과 관련된 이야기로 돌아오면, 여기서는 약의 효과가 '가격'과 관련이 있다는 것이 핵심입니다. 심리학적으로 효과는 좋은 것을 얻기 위한 것과 나쁜 것을 막기 위한 것 이렇게 구분할 수 있습니다. 좋은 효과를 얻기 위한 쉬운 예로 '여행'이 있습니다. 우리는 좋은 경험을 하고 싶어서 여행을 하죠. 반대로 나쁜 효과를 막아내기 위한 것은 대표적으로 수술과 같은 의료 행위가 있습니다.

우리는 좋은 것을 얻을 때는 솔직히 그렇게 비싼 돈을 들이고 싶어 하지 않습니다. 어떻게 하면 좀 더 저렴하게 얻을 수 있을까를 고민하죠. 코로나 이전에 TV에서 방영했던 〈짠내투어〉처럼 돈은 덜 들이면서 좋은 효과는 크게 누리고 싶어 하는 것입니다.

그런데 '저렴한 수술, 짠내 수술'이란 것을 상상해본다면 어떻습니까? 말도 안 된다는 생각이 드실 겁니다. 우리는 나쁜 것을 막아내는 데 드는 비용이 크다는 것을 알고 있습니다. 좋은 효과는 저렴하게도 누릴 수 있지만, 나쁜 효과를 막는 데는 비용이 많이 들고 또 그래야 효과도 좋을 거란 사실을 무의식적으로 알고 있는 것이죠. 이런 무의식은 특히 나쁜 것을 막아내는 '약'과 같은 것에서 가격의 효과가 높게 나타나는 데 영향을 끼칩니다.

이것은 심리학자이자 경제학자이며 노벨 경제학상을 수상한 대니얼 카너먼이 한 이야기와 연결됩니다. 이득보다 손실을 훨씬 더 크게 생각한다는 것이죠. 수술이라든가 사업은 손실을 예상할 수 있습니다. 그래서 거기에 충분히 대비를 해야 한다고 생각하죠. 반면 손실에 비해 상대적으로 이득의 크기가 작아도 위험 부담이 덜하다고 여깁니다.

그런데 만약 이것이 아픔을 해소해주는 약이 아니었더라도 가격의 효과가 이렇게까지 나타났을까요? 약은 내 몸을 치료해주고 내 몸을 위한 것이기 때문에, 싼 약을 쓰면 효과가 떨어질 것 같다고 생각합니다. 그런 의미에서 약의 경우는 가격 효과가 적절하게 나타나지만, 약이 아닌 다른 것이었다면 아마도 극명한 차이를 보이지는 않았을지 모릅니다.

연구 결과를 좀 더 확대해서 생각해봅시다. 이 연구의 초점은, 비싼 약과 가격이 할인된 약이 어떻게 다른 효과를 보이는지를 살펴본 것입니다. 이를테면 약에 레이블을 붙인 것이죠. 그래서 이것을 레이블링 효과와 연관 지어 생각하면 사람들이 명품 가방을 선호하는 이유도 생각해볼 수 있습니다.

진짜 명품을 사기에는 주머니사정이 여의치 않고, 그렇지만 명품 가방을 들고 싶을 때 모조품을 사는 분들이 있습니다. 모조품을 사면서 남들이 알아보길 바라는 사람은 없겠죠. 그래서 모조품인 것이 티가 나는 제품들은 가격도 저렴하지만, 아주 정교한 상품들은 생각보다 가격이 만만치 않습니다. 그런데도 굳이 모조 명품 가방을 들고 다니는 분들에게 물으면 "이거 티 안 나요" 이렇게 말하는 분들이 많습니다. 이런 식으로 레이블을 붙여서 '나 이런 거 들고 다니는 사람이야'라는 과시 효과를 노리는 것이죠. 이 때문에 시중에 모조품이 많이 나오는 명품 브랜드의 가치가 떨어진 사례도 있습니다.

한 발 더 나아가 이런 심리를 도덕적 혐오로 해석하는 연구자들도 있습니다. 모조품을 들고 다니는 것 자체를 도덕적으로 문제 있는 사람들이 하는 행동으로 해석하는 것입니다. 제 값을 주고 진품을 구매한 사람들은, 모조품을 만들고 사용하는 사람들 때문에 자신이 소유한 진품의 가치가 떨어진다고 생각하죠. 희소성이 생명인 명품의 명분이 사라지는 셈이니, 모조품이 많이 생산되는 브랜드의 제품 가치도 떨어지는 현상이 벌어집니다.

우리는 어쩌면 '명품'이라는 레이블 자체에 가치를 두는 것이 아닐까 합니다. 명품이니까 가지고 싶고 추구하게 되죠. 하지만 명품은 어떻게 보면 '사치품'의 일종입니다. 이 물건을 명품이 아니라 사치품이라고 부르면, 자신의 형편에 맞지 않는다고 생각해서 선호도가 떨어질 겁니다. 명품이나 사치품을 영어로는 럭셔리 아이템luxury item, 혹은 디자이너 레이블designer label이라고 하는데, 이렇게 명명하면 왠지 뭔가 더 있어 보이고 가지고 싶어지죠. 반면 '사치품'이라고만 불렸다면 아마 수많은 보통 사람들이 그것을 사기 위해 안간힘을 쓰는 일은 훨씬 덜해지지 않았을까 하는 생각도 해봅니다.

과거 우리나라에는 사치세 명목으로 '특별 소비세'라는 세금이 있었고 지금은 '개별 소비세'로 명칭이 바뀌었습니다. 조세제도에 사치세를 두는 이유는 사치품의 수입과 소비를 억제하고 소득의 재분배를 도모하기 위해서라고 합니다. 이런 세제의 명칭도 어떻게 붙이느냐에 따라 굉장히 다른 느낌으로 다가오는 것 같습니다. 개인적인 생각이지만, 특별 소비세나 개별 소비세보다는 사치세라는 명칭이 사치를 억제하는 데는 더 효과적이지 않을까 합니다.

플라세보 효과의 역기능

그렇다면 플라세보 효과에는 긍정적인 기능만 있을까요? 무언가 좋아질 거란 기대가 좋은 결과로 이어지므로 그렇게 생각할 수도 있습니다. 하지만 아무리 좋은 것이라도 잘못 사용하면 악영향을 줄 수 있습니다.

골프 황제로 불리는 타이거 우즈가 나이키 브랜드의 골프 클럽을 들고 나온 적이 있었습니다. 나이키에서 협찬을 받은 것이죠. 그러자 많은 사람들이 나이키 골프채와 골프화를 구매하기 시작했습니다. 이것을 구매한 사람들은 타이거 우즈와 같은 브랜드를 쓰고 있으니까 골프도 더 잘 칠 것 같다는 긍정적인 영향을 받습니다. 실제로 일시적이지만 스코어가 향상되는 결과가 나옵니다.

이때 나이키에서 구매자들을 대상으로 강습을 진행합니다. 그런데 나이키 골프화를 신고 나이키 골프 클럽으로 강습을 받은 사람들의 실력이 별로 나아지지 않는 것 같습니다. 왜일까요? 사람들은 타이거 우즈와 같은 브랜드를 쓰고 강습까지 받았으니 골프를 잘 쳐야 한다는 부담감을 갖게 되고, 이것이 악영향을 미칩니다. 기업의 마케팅 담당자들은 이런 경우도 염두에 두어야 할 것입니다.

여기서 중요한 것은 긍정의 '암시'냐 긍정의 '강요'냐 하는 것입니다. 긍정의 암시적 효과는 정말 힘이 셉니다. '암시'라는 표현이 약하다고 할 정도죠. 이에 대한 연구들은 쉽게 찾아볼 수 있는데, 대표적으로 로버트 치알디니의 《초전 설득》에 소개된 연구가 있습니다.

미국에서 여학생들이 수학 시험을 치릅니다. 당시 여학생들은 남학생들보다 수학이 조금 약했습니다. 이때 여학생들에게 '여성이어서 수학을 잘 못한다'는 고정관념을 다시 한 번 일깨워줍니다. 시험지에 이름을 쓸 때 성별도 함께 적게 한 것이죠. 그랬더니 이 반 여학생들의 점수가 떨어졌습니다.

또 이번에는 아시아계 여학생들을 대상으로 실험을 진행합니다. 미국에서는 아시아계 학생들이 다른 인종 배경 출신보다 수학 실력이 뛰어나다는 고정관념이 있습니다. 이 아시아계 여학생들에게 이번에는 성별이 아니라 인종적 배경을 쓰게 합니다. 여기서 '아시아'라고 쓴 여학생들은 점수가 올라갔습니다. 따라서 어떤 고정관념을 더 부각시키느냐에 따라 플라세보 효과로서 긍정적인 암시 효과가 있다는 것을 알 수 있습니다.

암시 효과의 결정판은 바로 엘렌 랭어Ellen J. Langer의 '시계 거꾸로 돌리기 연구'입니다. 랭어가 쓴 《마음의 시계》에는 8명의 노인들이 등장합니다. 70대 초반에서 80대 초반의 노인들은 1959년의 풍경으로 꾸며진 집에서 지내게 됩니다. 이 집에서 이들은 40대에 들었던 음악, 잡지, TV 방송을 보고 듣습니다. 시계를 거꾸로 되돌려 40대로 돌아간 것처럼 그때의 경험을 다시 하고 40대처럼 행동하게 되죠. 이렇게 몇 주를 지내고 나니, 이 노인들의 혈압, 맥박 등 건강 지표들이 마치 20~30년 전으로 돌아간 것처럼 몰라보게 좋아졌다고 합니다.

플라세보 효과는 단순히 가짜 약이 만들어내는 효과를 넘어, 긍정의 연쇄 효과를 만들어내는 언어적 행동들이 얼마나 중요한지를 보여줍니다. 예를 들어 암 진단을 받았을 때 우리나라 환자들은 하나같이 '얼마나 살 수 있습니까?'라고 묻는다고 합니다. 그런데 이것은 사실 굉장히 부정적인 질문입니다. 이렇게 비극을 가정하는 대신 질문을 바꿔서 '이제부터 어떻게 해야 할까요?'라고 묻는 환자들은 훨씬 병을 잘 이겨내고, 주변의 모든 상황을 긍정적 플라세보로 바꿀 수 있는 힘을 얻는다고 합니다.

믿는 대로 된다

이런 태도를 큰 틀에서 보자면, 자신이 어떻게 될 것이라고 믿는 사람은 실제로 그렇게 되고, 할 수 있다고 믿으면 진짜 그 일을 해낼 수 있습니다. 앞서 '소변 참기'에 관한 이그 노벨상 연구를 소개하면서 언급한 것처럼 리우 올림픽 때 대한민국 최초로 펜싱 금메달을 딴 박상영 선수의 모습을 많은 분들이 기억하실 겁니다. 박상영 선수는 큰 점수 차로 지고 있는 상황에서 "할 수 있다, 할 수 있다"라고 되뇌면서 스스로에게 긍정의 암시를 계속해서 걸었습니다. 그렇게 말로 암시를 걸면서 속으로 진짜 할 수 있다고 믿은 것이죠.

이 상황을 이 논문과 연결시켜 생각해보겠습니다. 논문에서는 비싼 약은 효과가 좋다고 믿는 것이고 싼 약은 효과가 별로 안 좋을 것 같다고 믿는 것이죠. 박상영 선수가 할 수 있다고 말하면서 실제로는 그 말을 믿지 않았다면 그것은 싼 약이 될 것입니다. 반면 할 수 있다고 말하면서 실제로도 그 말을 믿었다면 그것은 비싼 약이 되겠죠. 그 기대와 믿음이 금메달이라는 엄청난 결실을 맺게 해준 것이 아닐까 합니다.

학창 시절 독서실 책상에 '할 수 있다, 하면 된다'라고 많이들 써 붙이셨죠. 그냥 써 붙이기만 하고 속으로는 '그럴 리 없어'라고 생각하면 효과는 없을 겁니다. 그런 문구를 자신이 아니라 엄마가 써 붙인 경우나, 자신이 썼더라도 그것을 진짜로 믿느냐 아니냐에 따라 효과는 완전히 달라질 겁니다.

이것을 흰 종이 아무렇게나 적어서 붙이지 말고, 정갈하게 써서 액자(이왕이면 금박)에 보관한다면 아마 비싼 약이 주는 효과를 톡톡히 보실 수 있을 겁니다.

기대 효과는 잘 사용하기만 하면 서로 공감할 수 있는 상황이 쉽게 조성될 수도 있습니다. 학교나 회사에서 그저 말로만 '잘 될 거야, 괜찮을 거야'라고 하지 않고, 서로의 경험을 나누는 것이죠. 실제 발생한 일이 아니더라도, 비슷한 경험을 이야기하면서 더 나은 방안을 제시할 수 있다면 우리 사회에 긍정적인 공감의 효과가 점점 더 많이 퍼져 나갈 것입니다.

우리는
왜 설명서를 안 읽을까?

이번에 소개할 이그노벨상은 2018년에 문학상을
받은 '설명서'에 관한 연구입니다. 이그노벨 문학상
은 일반적으로 생각하는 문학적 가치나 예술적 측
면이 있는 연구에 주는 것이 아니라, '글'로 쓰인 것
이면 다 대상에 포함되죠. 그 글로 쓴 것을 사람들
이 어떻게 받아들이느냐 하는 것을 중점적으로 보
니까, 사실 이그노벨상의 기본 바탕에는 심리학이
있다고도 볼 수 있습니다.

이그노벨상의 또 한 가지 축은 '생활 밀착형'이라
는 것입니다. 생활 밀착형 이그노벨상 문학상의 정
수를 보여주는 연구가 바로 어떤 물건의 사용 설명
서, 매뉴얼에 관한 것입니다.

설명서를 읽지 않는
인간의 심리

여러분은 물건을 사면 사용 설명서를 읽어보시나요? 사용이 까다롭거나 기존에 갖고 있지 않은 새로운 제품일 경우는 읽어보는 분들도 계시겠지만, 아마 대부분의 사람들이 자세히 읽어보지는 않으실 겁니다. 저는 예전에 타던 차를 판 적이 있는데요. 중고차 매매하는 분들이 이렇게 정말 새 것 같은 매뉴얼은 처음 봤다고 했던 기억이 있습니다. 그러니까 저는 이 차를 사고 팔기 전까지 매뉴얼을 한 번도 보지 않은 것입니다.

가정에서 자주 쓰는 TV, 세탁기, 혹은 휴대폰 등의 물건을 구입하고 나서 사용 설명서를 읽는 분들이 과연 얼마나 될까요? 연구에 따르면 읽는 사람보다는 읽지 않는 사람이 현저하게 많다고 합니다. 지독하고 고집스럽게 안 읽는 것이죠. 그럼 왜 안 읽는 걸까요? 그 이유를 무려 7년 동안이나 추적한 것이 바로 이 연구입니다.

이그노벨상의 생활 밀착형 측면, 그리고 집념 어린 장기적 측면을 둘 다 보여준 이 연구의 제목은 '인생은 설명서를 읽기에는 너무 짧다: 제품의 문서화와 과도한 기능에 소비자들은 어떻게 반응하는가Life is too short to RTFM: How users relate to documentation and excess features in consumer products'입니다.

여기서 RTFM은 'Read the Field Manual(매뉴얼을 읽으시오)'라는 뜻입니다. 그런데 RTFM을 사전에서 검색하면 'F'에 들어가는 단어가 여러 개 나옵니다. 'fabulous, formating, fine, full, funny, former' 등등이 있고, 심지어 'fu**' 같은 비속어를 넣는 경우도 있습니다. 이처럼 설명서에 대해서 소비자들은 약간 비아냥거리는 듯한 반응을 보이고 있는데요. 논문의 제목에서도 드러나듯이 사람들은 긴 설명서를 읽기에는 인생이 너무 짧다고 생각한다는 것이죠.

이 연구에서 주로 다루고 있는 것은 제품의 지나치게 다양한 기능들과 너무 긴 설명서에 대한 소비자들의 반응입니다. 크게 2가지 연구를 실시했는데, 첫 번째는 170명을 대상으로 설문조사를 실시했습니다. 두 번째는 6개월간 15명을 대상으로 다이어리를 조사하거나 인터뷰를 하는 등 추적 관찰을 했습니다.

조사 결과는 다양하게 나왔지만, 큰 맥락에서 도출할 수 있는 결론은 기본적으로 사람들이 설명서를 잘 안 읽는다는 것입니다. 또 제품에 다양한 기능들이 있지만, 그 기능을 다 쓰는 사람은 없었습니다. 세부적으로 연령대별, 성별, 교육수준별로도 조사를 했는데, 그 결과 나이가 젊을수록 교육수준이 높을수록, 또 남성보다 여성이 설명서를 안 읽는다는 것을 알 수 있었습니다.

조사를 할 때 세탁기, 리모컨, 웹페이지 등 다양한 제품들을 제시했는데, 사람들은 설명서를 읽어보지 않아도 대략 다 사용할 수 있었습니다. 쓰다가 문제가 생기면 그때 설명서를 찾아보는 경향이 가장 많았습니다.

그렇다면 젊은 사람들은 왜 설명서를 잘 안 읽을까요? 연구에서는 젊은 사람들이, 설명서를 읽지 않아도 대충 다 안다고 생각한다는 답을 제시했습니다. 여성들이 남성들에 비해 설명서를 읽지 않는 이유는 이렇게 설명합니다. 남성들은 제품의 복잡한 기능들을 알아보는 데 관심이 많지만, 여성들은 그 제품을 실질적으로 사용하는 데 관심이 많다고 합니다. 예를 들어 세탁기를 쓴다고 하면 세탁기에 들어 있는 복잡한 여러 기능을 알기보다는, '빨래를 한다'는 본래의 기능에 집중하기 때문에 굳이 설명서를 보지 않아도 기계를 쓸 수 있는 것이죠. 마지막으로 교육 수준이 높은 사람들은 두 부류로 나눌 수 있습니다. '나는 이 기계의 기능을 다 알고 있어'라고 믿는 사람과 '핵심 기능만 쓰면 되지'라고 생각하는 사람이죠.

정리하면 젊은 사람들, 여성, 교육 수준이 높은 사람들은 오히려 제품의 핵심적, 본질적 기능에 주목하기 때문에 설명서를 잘 안 읽는다고 할 수 있습니다. 한편으로 생각하면 장

점일 수도 있지만, 반대로 생각하면 그 제품에 숨어 있는 유용한 다른 기능들을 잘 안 쓰게 된다는 점도 있겠습니다.

어떻게 설명서를 읽게 할까

그런데 우리가 제품을 구매할 때는 어떻습니까? 새로운 기능이 있는 제품을 선호하죠. 원래 있던 것을 바꿀 때, 대체로 기능이 똑같은 것을 사려고 하지는 않습니다. 새로운 기능이 있으니까 물건을 바꾸는 것이죠. 그런데 구입하고 나서 실제로 쓸 때는 그 새로운 기능은 거의 안 쓰고 핵심적인 기능만 활용하죠. 예를 들어 기존에 있던 밥솥 대신 새 제품을 구매하려는데, 요거트를 만드는 기능이 있는 제품이 눈에 띕니다. 살 때는 그 기능이 좋아 보여서 사지만, 막상 쓸 때는 여전히 밥만 해먹죠.

또 이 연구를 통해서, 제품을 만드는 쪽에서는 어떻게 하면 사람들에게 읽히는 설명서를 만들 것인지 고민해봐야 할 것입니다. 요즘은 잘 볼 수 없는 풍경이지만 과거에 비상금 숨기기 가장 좋은 곳으로 브리태니커 백과사전이 인기였습니다. 왜일까요? 백과사전은 아무도 안 보기 때문입니다. 세상에서 제일 재미없는 책이니까요. 그런데 설명서가 바로 백과사전과 똑같은 구조를 갖고 있습니다. 백과사전은 가나다 순이고 설명서는 기능별, 혹은 부위별로 되어 있죠.

즉 설명서는 그 제품에 대해 우리가 알고 싶은 본론부터 설명해주지 않습니다. 거의 3분의 1 지점까지 제품을 만든 사람들이 정해놓은 일련의 순서에 따라 만들어져 있습니다. 반면 잘 읽히는 책은 어떤 책입니까? 줄거리가 있고 등장인물이 있는 책입니다. 그래야 읽기가 쉬워지죠.

그러면 매뉴얼을 어떻게 만들어야 할까요? 어떤 사람이 어떤 물건을 사용하는 하나의 스토리를 동영상으로 만드는 것이죠. 그 물건을 가지고 하루를, 일주일을 어떻게 살아가는지 보여주는 겁니다. 아마도 이런 것이 우리가 설명서에 기대하는 바가 아닐까요?

이 연구는 사람들이 설명서를 안 읽는다고 나무라거나 탓하지 말고, 설명서를 이렇게 만든 관계자에게 스스로를 돌아보라는 얘기를 하고 있는 것 같습니다. '당신들이 만들어낸 설명서를 7년이나 추적 연구했는데, 사람들이 정말 지긋지긋할 정도로 고집스럽게 설명서를 읽지 않는다는 사실을 발견했다. 그러니 제발 이런 식으로 설명서를 만들지 마라'는 일종의 경고가 아닐까 합니다.

이 논문은 제품 개발자들이 꼭 한번 봐야 하는 논문이라고 생각합니다. 개발자들은 제품에 대해서 잘 알고 있기 때문에 자기 생각대로 설명서를 만드는 경우가 많을 겁니다. 하지만 설명서는 제품을 쓰는 사람의 입장에서 만들어야 합니다. 따라서 기능을 나열하는 방식이 아니라 과제를 해결하는 방식으로 다시 만들어져야 합니다.

본질에 충실하라

개발자들은 제품을 개발할 때 그 제품의 본질에 충실해야 합니다. 별로 쓸모도 없는 부가적인 기능을 덧붙여 소비자의 눈을 현혹하고 가격만 비싸지게 할 게 아니라, 제품 본연의 기능을 더 훌륭하고 완벽하게 만들어야 합니다.

앞서 설명서에 대한 소비자들의 반응을 연구한 두 번째 방법에서 15명의 사람들을 6개월간 조사했다고 언급했습니다. 이들은 어떤 제품을 6개월 동안 써본 다음 사용감을 평가했습니다. 제품에 상당히 만족했다고 평가한 사람들은 주로 핵심 기능에 초점을 둔 사람들이었습니다. 반면 핵심 기능이 아닌 부가적 기능에 대해서는 제품이 별로 만족스럽지 않았다고 평가했습니다.

따라서 개발자들은 새로운 기능을 자꾸 덧붙일 게 아니라 핵심 기능의 효율성을 높이는 데 좀 더 심혈을 기울여야 할 것입니다. 소비자들도 신제품이 나왔다 하면 새로운 기능, 다양한 기능에 혹해서 구매하게 되는데, 그보다는 내가 많이 쓰고자 하는 핵심 기능을 기준으로 판단해야 할 것입니다.

조금 다른 이야기이지만, 제품에도 핵심 기능과 부가 기능이 있듯이 인간에 대해서도 비슷한 생각을 할 수 있을 것 같습니다. 우리는 주변 사람들을 다양한 관점에서 판단하죠. 이 사람은 이런 점이 좋고 저런 점이 좋고 등등. 그런데 그런 점들은 사실 그 사람의 본질적 측면이 아닌 부가적이고 그리 중요하지 않은 점일 수 있습니다. 그런 주변적인 사실들에 가려 그 사람의 본질을 보지 못하고 관계를 맺게 되는 경우가 많죠. 따라서 겉으로 보이는 부수적인 측면들보다는 본질적인 면을 보려는 노력이 필요하고, 또 자기 자신에 대해서도 나의 가장 핵심적인 면을 가꿔 나가려고 노력할 필요가 있을 것 같습니다.

그런데 인간의 본질이란 무엇일까요? 수업 시간에 학생들에게 인간과 AI의 차이가 무엇일까, AI에게는 없고 인간에게만 있는 것은 무엇일까라고 질문을 해봤습니다. 학생들의 답을 정리해보니 대략 3가지로 정리할 수 있었습니다. 첫째는 공감 능력, 둘째는 의사 결정 능력, 셋째는 유연한 대처 능력이었습니다.

AI는 수행 능력은 뛰어나지만 인간이 명령한 일에 대해서만 그렇습니다. 스스로 어떤 임무를 수행할 것인지 결정하는 것은, 아직까지는 인간이죠. 또 인간은 다양한 문제 상황에서 유연하게 대처할 수 있지만, AI는 정해진 규칙대로만 움직입니다. 사실 이 2가지보다 가장 중요한 것은, 인간의 공감 능력이 아닐까 합니다. 이것은 인간의 가장 고유한 능력이고, 우리가 다른 사람들과 함께 세상을 살아가는 데 꼭 필요한 능력이기도 합니다.

인지적 구두쇠

이 공감 능력은 제품 개발자들에게도 꼭 필요한 능력이 아닐까 합니다. 좀 더 소비자에게 공감하는 제품이나 설명서를 만들어야 한다는 의미에서 그렇습니다. 소비자들은 제품을 사고 나면 대개 설명서를 어디에 두었는지조차 잊어버립니다. 서랍에 설명서만 따로 모아두는 분들도 계실 테고, 물건을 사자마자 박스와 함께 폐기처분하는 분들도 계실 겁니다. 혹은 어디다 뒀는지 모르고 지내다가 이사하면서 '이게 여기 있었네?' 하는 분들도 있습니다. 어쨌든 공통적으로 많은 분들이 손이 잘 닿지 않는 곳에 두는 건 분명한 것 같습니다.

결국 소비자는 설명서를 외면하고 있다고 봐도 무리는 아닐 겁니다. 바꿔 생각하면 소비자들은 기기를 직관적으로 사용한다는 겁니다. 어쩌면 개발자들은 제품 설명서가 없어도 직관적으로 사용할 수 있는 제품을 개발해야 할지 모르겠습니다. 사람들은 설명서도 싫고, 읽는 것은 더더욱 싫어하니까요.

젊은 사람들이 설명서를 더 안 읽는 이유는 아마도 속도에 민감하기 때문이 아닐까 합니다. 우리가 사회에 나가면 은연중에 이런 말을 하고 또 많이 듣기도 하죠. "아니, 젊은 사람이 왜 그렇게 빠릿빠릿하지를 못해." 즉 젊은이들에게는 속도감을 요구하고, 나이가 들수록 신중함을 요구합니다.

그렇다 보니 젊은 사람들은 공부든 일이든 내가 빨리 처리하지 못하고 속도가 처진다는 느낌이 들 때, 사회나 문화가 나에게 요구하는 것을 잘 수행하지 못한다는 생각을 하게 됩니다. 설명서 분량이 적은 경우는 그렇다 치고, 책 한 권 분량 정도 되는 설명서를 보고 있으면 아마 젊은 사람들은 '어느 세월에 이걸 다 읽어? 그러다 제품은 써보지도 못하겠네'라는 생각이 들 겁니다. 그러니 무언가를 신속하게 습득하는 데 별 도움이 안 되는 것 같은 설명서는, 아마 그들에게 별로 매력적으로 다가오지 않을 겁니다.

이것은 근본적으로 우리에게 '인지적 구두쇠' 성향이 있기 때문일 것입니다. 우리는 생각하는 것을 싫어하죠. 가벼운 생각은 괜찮지만 머리를 많이 굴려야 하는 생각에는 인색해집니다. 돈 쓰는 게 아까운 것처럼 생각조차도 상당히 아끼려고 노력한다는 것이죠.

한편으로 젊은 사람들은 나이 든 사람들에 비해 기계에 대해 적응력이 빠릅니다. 사실 설명서를 보지 않아도 기본적인 기능은 사용할 수 있고, 실제로 사용을 해보면서 기능을 하나씩 하나씩 알아가는 재미도 있다고 생각하죠. 오히려 젊은 사람인데 설명서를 꼼꼼히 읽는다고 하면, 뭔가 강박적 성향이 있는 것 아닐까 하는 생각이 들 정도입니다.

꼭 나이가 젊지 않아도 일반적으로 설명서를 처음부터 끝까지 다 읽는 사람은 정말 드물 겁니다. 특히 보험 약관 같은 경우는 더더욱 그렇죠. 거의 책 한 권 분량이니까요. 그런데 주변에 잘 찾아보면 아마 한 사람씩은 꼭 있을 겁니다. 이런 사람들은 인지 욕구need for cognition가 상당히 높다는 특징이 있습니다.

그러나 대부분의 사람들은 그렇게 많은 데이터를 처리하는 것을 좋아하지 않습니다. 적정 수준을 넘는 큰 사이즈의 데이터를 제시하면 '이걸 나보고 다 보란 말이야?'라는 것이 대부분의 반응입니다. 따라서 설명서를 안 읽는 것이 이상한 게 아니라 매우 자연스러운 우리의 반응이라는 것이 이 논문의 결론이 아닐까 합니다.

이와 관련해서 자동차 매뉴얼을 가지고 비슷한 연구를 한 사례가 있습니다. 실제로 사람들이 자동차 매뉴얼을 읽는지 여부를 조사한 연구입니다. 500명을 대상으로 조사했는데, 설명서를 처음부터 끝까지 읽은 사람은 40명이 채 안 됐습니다. 10% 미만에 해당하는 극소수의 사람들만 설명서를 읽은 것이죠. 자동차 회사에서는 간편 설명서나 온라인 매뉴얼 등을 만들어봤지만 그래도 사람들은 읽지 않았습니다.

왜일까요? 먼저 차를 사는 사람들은 기본적으로 운전을 할 줄 압니다. 차의 기본적인 기능은 알고 있으니까 안 읽어도 된다고 생각하는 것이죠. 또 차가 고장이 났다고 하면, 매뉴얼을 본다고 해서 내가 고칠 수 있는 문제가 아니라고 생각하고 정비소로 가죠.

그런데 보험 설명서 같은 경우는 조금 다릅니다. 약관은 꼼꼼히 읽어둬야 나중에 손해를 보지 않을 수 있습니다. 보장 내용이나 보상 금액 등에 대해 잘 챙겨두지 않으면, 나중에 관련 사고가 생겼을 때 몰라서 보장을 못 받는 일이 발생하기 때문이죠.

설명서는 꼭 필요할까?

이 논문은 인간공학과 연결지어서 생각할 수도 있습니다. 인간공학의 대원칙 중 하나가 '설명서가 필요 없는 기기를 만들어라'라는 것입니다. 즉 사용자의 생각을 그대로 반영한 기기가 가장 좋은 기기라는 것입니다.

그런데 일반적으로는 그렇지 않습니다. 최악의 사례로 꼽히는 것 중에 하나가 전자시계의 '용두'입니다. 시계 측면에 돌출되어 누를 수 있게 되어 있는 부분인데요. 누르는 회수나 길이에 따라 다양한 설정을 할 수 있게 만든 것입니다. 그런데 이것은 설명서를 읽지 않으면 사용 방법을 알 수 없습니다. 설명서에 어떤 기능이 있는지 읽어봐도 사실 꼭 필요한 기능은 아닙니다. 시계의 꼭 필요한 기능이란 시간을 알려주는 것이니까요.

반대로 인간의 직관적인 체계를 이용해 쉽게 만든 대표적인 사례가 바로 아이폰입니다. 아이폰은 전화와 컴퓨터의 기능을 결합했다는 점에서도 획기적이었지만, 그보다 중요한 점이 스크롤 기능이었습니다. 컴퓨터를 사용할 때 마우스를 이용해 스크롤바로 화면을 위아래로 움직일 수 있죠. 컴퓨터는 화면이 크기 때문에 스크롤바를 조작하기가 쉽지만 스마트폰은 화면이 작기 때문에 손으로 스크롤바를 조작하려면 작동이 잘 안 될 수도 있습니다. 이런 점을 보완하여 애플의 디자이너인 바스 오딩Bas Ording이 고안해낸 것이 바로 관성 스크롤입니다.

스마트폰에서 웹페이지를 넘기거나 문서를 볼 때 아주 유용한 도구죠. 손가락을 위로 쓸어올리면 화면이 위쪽으로 올라가고, 아래쪽으로 쓸어내리면 화면이 아래쪽으로 내려가는, 인간의 직관을 그대로 반영한 조작법입니다. 게다가 한 가지 더, 화면이나 문서 맨 마지막에 이르면 '여기가 끝이다' 라는 걸 알려주기 위해 살짝 팅기는 효과가 나타나는데요. 이것을 바운스 백bounce back이라고 합니다. 관성 스크롤이나 바운스 백이나, 이런 것들이 처음 나왔을 때 우리의 생각이 기기에 그대로 적용되니까 사용자들이 굉장히 열광적으로 반응했습니다.

그럼에도 불구하고, 보험 약관처럼 설명서를 꼭 읽을 필요가 있는 경우 어떻게 하면 '읽게 만들 수' 있을까요? 이 문제를 '자이가르닉 효과'와 연관지어서 한번 생각해보겠습니다. 자이가르닉 효과란 러시아의 심리학자 블루마 자이가르닉 Bluma Zeigarnik의 이름을 딴 현상입니다. 어느 날 그녀는 식당에 갔다가 주문을 받는 웨이터를 눈여겨보게 됩니다. 우리나라에서는 음식을 주문할 때 '설렁탕 하나요' 이렇게 간단히 할 수 있지만, 서양의 음식은 좀 다르죠. 음식 이름도 길고, 또 종류에 따라 익히는 정도를 하나하나 다르게 주문하기도 하고요. 바쁜 시간에는 한 번에 한 테이블만 주문을 받는 게 아니라, 그렇게 복잡하고 가짓수도 많은 음식을 여러 테이블에서 한 번에 주문을 받아 주방에 전달하기도 하죠.

자이가르닉은 저 웨이터들은 어떻게 저렇게 기억력이 좋을까 신기하고 궁금했습니다. 간혹 메모를 하는 웨이터도 있지만 적지도 않고 귀신같이 외우는 웨이터들도 많으니까요. 자이가르닉은 한 가지 실험을 해보기로 합니다. 자기가 주문한 음식을 갖다준 웨이터가 돌아서는 순간, 음식을 냅킨 등으로 덮어버리고 방금 자기에게 어떤 음식을 갖다주었는지 말해보라고 한 것이죠. 그랬더니 웨이터는 하나도 기억을 하지 못했습니다.

이후 자이가르닉은 몇 가지 실험을 거쳐 같은 현상을 관찰하고 하나의 가설을 세웁니다. 완결되지 않은 문제에 대해서는 머릿속에서 계속 생각하기 때문에 완결된 문제보다 기억을 더 잘해낸다는 것입니다. 그렇다면 어떤 일을 할 때 완결된 느낌을 떨어뜨리면 다음 일을 더 잘하게 만들 수 있지 않을까요?

이런 식으로 설명서도 분철을 하면 좀 더 읽기 편할 겁니다. 어떤 물건을 샀는데, 200페이지짜리 설명서가 들어 있다고 한다면 벌써부터 읽을 의욕이 뚝 떨어지죠. 이 200페이지 짜리 설명서를 10등분해서 10권으로 만든다면, 한 권 정도는 가벼운 마음으로 시작할 수 있습니다. 그런 다음에는 설명서의 90%가 아직 완결이 안 되었기 때문에 다른 것도 봐야겠다는 생각이 듭니다.

간편 설명서는 그것 딱 한 권만 읽으면 종결감이 들기 때문에, 앞서 음식을 갖다 주고 돌아선 웨이터처럼 그것에 대해서는 더 이상 생각을 안 하게 됩니다. 원고나 글을 쓸 때도 비슷한 경험을 합니다. 보통 한 단락, 혹은 한 챕터를 끝내고 쉬어야겠다고 생각하죠. 짧게라도 마무리를 하지 않으면 뭔가 찜찜한 생각이 드니까요. 그런데 이렇게 어떤 포인트에서 종결을 짓고 나면 다음에 일을 할 때 첫 문단의 첫 글자를 생각해내기가 여간 어렵지 않습니다. TV 광고 같은 경우, 광고가 끝나기 5~6초 전에 TV를 끄면 2주 뒤에도 광고 내용을 잘 기억한다고 합니다.

학창 시절을 돌이켜보면 공부를 잘하는 친구들은 책가방이 가벼웠던 것 같습니다. 무거운 책을 분철해서 낱권으로 가지고 다녔기 때문이죠. 그 친구들은 '오늘은 이 책만 독파하자' 하는 마음으로 그 분량만 보고, 그걸 다 보고 나면 또 다음 챕터가 궁금해져서 계속 공부를 해나갈 수 있었던 것입니다.

확증편향

인간은 다양한 기능을 원하지만 복잡한 설명은 싫어합니다. 젊은 사람들이 설명서를 잘 읽지 않는 심리적인 이유는 '다 비슷하겠지 뭐' '쓰다 보면 알겠지'라는 착각 때문이라고 합니다. 즉 자신의 능력에 대해 정확한 판단을 내리지 못하는 것이죠. 이런 착각과 부정확한 판단이 실수로 이어지는 것입니다.

2008년에 시카고대학교의 니컬러스 에플리Nicholas Epley 교수는 이런 경향과 관련한 연구를 진행했습니다. 한 사람의 얼굴 사진을 찍은 뒤에 조금씩 더 잘생기거나 예쁘게 보정을 했습니다. 그런 다음 여기서 진짜 자기 얼굴을 찾으라고 합니다. 그랬더니 대부분의 사람들은 실제 자기 얼굴보다 10~20% 정도 보정된 얼굴을 선택했습니다.

셀카를 찍고 나서 사진을 보면 마음에 드는 경우가 별로 없는 이유가 바로 여기에 있습니다. 요즘은 보정 어플을 많이 쓰기 때문에, 10~20% 정도 보정된 사진을 자신의 진짜 모습이라고 생각합니다. 반면 남들에게 물어보면 보정되지 않은 내 진짜 얼굴을 찾는 확률이 본인이 찾는 것보다 높게 나온다고 합니다.

사람들은 자기가 보고 싶은 것만 보고 듣고 싶은 것만 듣

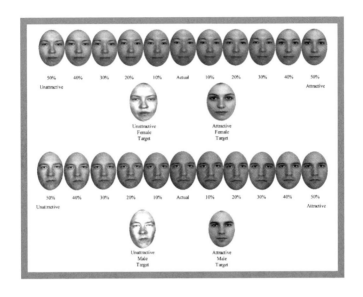

는다고들 하는데, 심리학적으로는 참 맞는 말인 것 같습니다. 예를 들어 배고픈 사람들은 음식의 사이즈를 실제보다 크게 지각합니다. 그래서 같은 음식을 보고도 배가 부른 사람보다 그 크기를 크게 기억합니다. 또 가난한 사람들은 부자보다 동전을 더 크게 그립니다. 담배를 피우고 싶은 사람들은, 자기가 피우는 담배를 그려보라고 하면 실제보다 길게 그린다고 합니다. 그런데 담배를 다 피운 다음 다시 담배를 그려보라고 하면, 당장은 흡연 욕구가 충족된 상태이기 때문에 실제 길이만큼 혹은 그보다 짧게 그린다고 합니다.

이런 현상을 설명할 수 있는 심리학 용어가 바로 '확증편향'일 것입니다. 일단 내가 판단을 하고 결정을 하고 나면, 그 판단이나 결정의 반증 가능성을 보려 하지 않는 습성을 말합니다. 내 판단이 틀렸다는 증거가 눈앞에 뻔히 있는데도 눈을 닫고 귀를 막는 것이죠. 그리고 애써 내 결정을 뒷받침해줄 증거만 찾아다니면서 자기 판단이 맞았다는 것을 확인하려 합니다.

예를 들어 오늘부터 간헐적 단식을 할 계획입니다. 이미 마음은 간헐적 단식이 좋을 것 같다는 쪽으로 기울어 있는 상태입니다. 그래서 검색을 해봅니다. '간헐적 단식이 좋은 이유'라고 검색창에 칩니다. 그러면 간헐적 단식의 장점만 쭉 나오죠. 검색 결과를 보고는, '거봐 내 생각이 맞았네. 오늘부터 열심히 해봐야겠다'고 다짐합니다.

반대로 주변에 아는 사람, 혹은 어디서 들은 얘기로 간헐적 단식이 건강에 해롭다고 판단하면 어떤 증거를 찾아다닐까요? 맞습니다. '간헐적 단식이 해로운 이유'를 검색해봅니다. 간헐적 단식이 건강에 이롭다는 것을 봐도 별로 마음이 움직이지 않죠.

담배만 해도 그렇습니다. 담배가 건강에 해롭다는 건 어린아이들도 다 아는 상식이죠. 그런데 평생 흡연을 했으면서도 100살까지 살아 계신 할아버지는 그 말을 못 믿겠다고 말합니다. 자신은 100살까지 살았으니까요.

심리학에서는 '내가 해봐서 아는데, 내 경험으로는 말이야' 라는 말만큼 못 믿을 말이 없다고 말합니다. 시선을 어디에 두느냐에 따라, 즉 내가 어떤 방향을 보느냐에 따라 해석이 달라질 수 있기 때문입니다. 이렇게 시선에 따라 가장 다르게 보이는 것이 바로 얼굴 사진일 겁니다. 웃고 있는 얼굴도 위아래를 거꾸로 하면 찡그린 얼굴로 보일 수 있죠. 아마도 얼굴만큼 보는 사람의 시각과 관점에 따라 달라지는 것도 없을 것 같습니다.

사람의 시선에 따라 판단이 달라진다고 하는 연구는 많습니다. 예를 들어 배심원에게 검사가 용의자를 심문하는 장면, 용의자의 얼굴, 검사의 얼굴을 각각 보여줄 때 배심원들의 판단이 달라질 수도 있다고 합니다. 우리는 잘 인식하지 못하지만, 내가 어디에 시선을 두고 있느냐가 판단에 핵심적으로 작용한다는 것입니다.

중요한 설명서를
읽는 습관을 들이려면

어쨌든 우리가 설명서를 잘 안 읽는다는 것은 부인할 수 없는 사실입니다. 하지만 중요한 설명서도 있기 때문에 꼭 읽어야 하는 경우가 있습니다. 그렇다면 중요한 설명서를 읽는 습관은 어떻게 들여야 할까요?

인지심리학자들은 성격보다 습관이 중요하다고 입버릇처럼 이야기합니다. 성격이 어떠하든 습관으로 위대해지고 습관으로 망할 수 있거든요. 따라서 설명서를 읽는 습관을 들이려면, 로버트 치알디니 같은 심리학자들은 'if/then-when' 전략을 활용하라고 조언합니다.

예를 들어 탈모방지약을 먹는다고 합시다. 이 약을 먹는 습관을 들이기 위해 '나는 오늘부터 탈모방지약을 매일 2알씩 먹을 거야'라고 다짐합니다. 하지만 며칠이 지나면 슬슬 약을 거르기 시작하죠. 결국 이 습관은 지켜지지 않습니다.

그런데 '아침 8시에 일어나서(when) 양치질을 하고 나면 (if) 그때 약을 먹는다(then)' 이렇게 'if/then-when'을 설정하고 일주일만 해보면 습관이 생긴다는 거예요. 설명서의 경우도 '언제 무엇을 하고 나면'이라는 조건을 어떻게든 만들어야 합니다. 그렇게 일주일만 하면 습관으로 자리 잡기가 쉽습니다.

습관을 들일 때 또 한 가지 중요한 전제조건이 있습니다. 바로 기분이 별로 안 좋은 날을 택하라는 것입니다. 기분이 좋을 때는 지금의 상황에 만족하기 때문에 내 안 좋은 행동을 고치거나 새로운 습관을 들여야겠다는 생각이 잘 들지 않습니다. 반대로 너무 기분이 안 좋거나 가라앉아 있을 때는 무언가를 할 의욕조차 내기가 힘들겠죠.

텍사스대학교의 아서 마크먼Arthur B. Markman 교수는 바로 적당히 우울하고 적당히 기분이 처질 때, 이때가 바로 분위기를 바꿔본다거나 새로운 습관을 들여야겠다고 마음먹기가 쉽다고 말합니다. 기분이 약간 멜랑꼴리한 가을에 'if/then-when' 규칙으로 습관을 들이기를 시도하면 분명 좋은 습관을 들일 수 있을 것입니다.

가장 중요한 것은, '남들은 잘 모르지만 나는 이걸 잘 알아'라는 착각을 경계해야 한다는 겁니다. 남들은 헬스장 연간 이용권을 사서 몇 달 가다 말겠지만, '나는 결심했으니까 열심히 할 거야, 나는 의지력이 뛰어나'라고 생각하는 것도 착각일 수 있습니다.

항상 '내 판단이 틀릴 수 있다, 나에게도 확증편향이 있는 것 같아'라는 생각을 갖고, 무언가를 결정할 때 자신의 능력을 과대평가하는 것은 아닌지 살펴야 합니다. 이렇게 자신을 직시하고, 틀릴 수 있다는 것을 인정하고, 확증편향이 있다는 것을 받아들일 때 오히려 거기서 벗어날 가능성이 높아진다고 볼 수 있습니다.

지금까지 소개한 이 논문은 독특하게도 이그노벨상 '문학상'을 받았습니다. 이 연구에 문학상을 준 이유는, 결국 '작가 위주로 글을 쓰지 마라, 개발자 위주로 설명서를 만들지 마라, 결국 개발자도 편향에 빠질 수 있다'라는 메시지를 던지고 있는 게 아닐까 합니다.

사랑과 강박장애는 구분하기 어렵다?!

사랑에 빠져보신 적 있으신가요? 그 사랑이 이루어졌건 아니건, 한 번도 사랑에 빠져보지 않은 사람은 없을 겁니다. 학창 시절, 짝사랑하는 여학생 혹은 남학생이 생기면 일기장에 토로할 길 없는 마음을 마구 쏟아내곤 했죠.

그러면서 지금 이렇게 미친 사람처럼 감정이 널뛰는 자신을 보며 정신적으로 문제가 있는 건 아닐까 생각하기도 했을 겁니다. '내가 지금 미쳤나봐, 난 정말 이상한 인간인 것 같아'라면서 괴로워하죠. 특히 10대나 20대 때 사랑에 빠지면 자신이 사이코는 아닐까 하고 생각할 정도로 자신의 정신상태가 이상하게 흘러간다고 느껴본 적이 있으실 겁니다.

그런데 이렇게 사랑에 빠지는 것과 정신적 강박 상태가 뇌의 화학적 변화의 측면에서는 동일한 현상이라고 주장하는 연구가 있습니다. 이 연구가 바로 이번에 소개해드릴 이그노벨상으로, 2000년에 화학상을 받은 '사랑'에 관한 연구입니다. 논문 제목은 '낭만적인 사랑과 심각한 수준의 강박장애는 구분하기 어렵다Alteration of the platelet serotonin transporter in romantic love'입니다.

연구에서는 최근에 사랑에 빠진 사람 20명과 강박장애를 보이는 사람 20명을 비교했습니다. 그리고 이 두 집단의 세로토닌 수치가 어떤 유사성과 차이점이 있는지 분석했습니다. 세로토닌은 평상심을 유지하고 행복감을 지속시켜주는 호르몬입니다. 따라서 세로토닌이 잘 분비되면 사회적으로 필요한 기능들을 잘 수행합니다. 반면 세로토닌이 부족하면 우울이나 불안 증상을 보이기도 하죠.

실험을 좀 더 자세히 설명하면, 참가자 가운데 사랑에 빠진 20명은 최근 6개월 내에 사랑을 시작한 사람들입니다. 아직까지 상대방과 성적인 관계는 맺지 않았고, 매일 4시간 이상 상대방을 생각하는 사람들입니다. 여기에 강박장애 판정을 받은 20명과, 본인 및 가족력에 정신장애 기록이 없는 통제집단 20명이 실험에 참여했습니다. 단 이들은 지난 1개월 동안 향정신성 약물을 복용하지 않았다는 조건이 추가되었

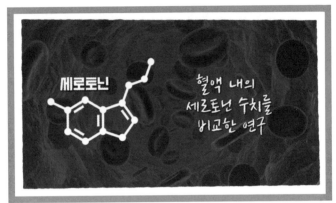

출처: pixabay.com

습니다. 그런 다음 이들의 혈액을 20ml씩 채혈해서 혈액 내
세로토닌 수치를 비교했더니, 사랑에 빠진 집단과 강박장애
집단의 세로토닌 수치가 통제집단에 비해 확실히 낮게 나왔
습니다.

결과적으로, 사랑에 빠지면 때로 우울감과 불안감을 겪게
되는데 그것이 세로토닌 때문이라고 해석할 수 있습니다. 즉
개념적으로나 관념적으로는 강박장애를 갖고 있는 사람의
뇌 상태나, 사랑에 빠진 지 얼마 안 되는 사람의 뇌 상태는
동일하다는 의미입니다.

사랑과 강박은 종이 한 장 차이다

우리가 감정을 느끼는 것은 화학 작용의 산물이라는 말입니다. 우리 뇌의 신경전달물질neurotransmitter, 즉 다른 신체 기관들에 영향을 미치는 호르몬은 20~30여 개에 불과합니다. 이 화학물질들이 작용해서 우리가 감정을 느끼는 것이죠.

그런데 감정의 종류는 아마도 수백 개쯤 될 겁니다. 즉 이렇게 미묘한 감정들이 같은 화학물질이 작용한 결과라는 것은, 우리 인간이 결국 해석하는 존재임을 의미합니다. 이런 사실을 입증하는 많은 고전적인 실험 중에 '높은 다리 실험'이라는 것이 있습니다.

평균적인 외모의 여성이 아래에 천길 낭떠러지가 있는 다리를 건너오고 있습니다. 이것이 실험인 줄 모르고 맞은편에서 한 남성이 걸어옵니다. 이때 평균적인 외모의 여성은 이 위험천만한 다리에서 남성에게 길을 묻고, 호감을 표시하며 전화번호를 알려줍니다. 며칠 내로 대부분의 남성들에게 전화가 옵니다.

그런데 똑같은 여성이 일반적인 다리나 안전한 길에서 마주 오는 남성에게 똑같이 길을 물으며 호감을 표시하고 전화번호를 건넵니다. 그러나 이번에는 며칠이 지나도 남성들에게서 전화가 걸려오지 않습니다.

이 실험을 어떻게 해석할 수 있을까요? 실험 속 여성은 고도가 상승하면 외모도 상승하는 그런 여성일까요? 아닙니다. 우리는 매력적인 이성을 만나면 가슴이 두근거립니다. 그런데 높은 다리에 있는 남성들은 장소적 특성 때문에 가슴이 두근거리는 상태죠. 그런 상태에서 이성을 만납니다. 이때 지금의 두근거림을 이성에 대한 매력으로 해석하게 됩니다. 이런 경우는 비일비재합니다. 술을 마시면 이성이 매력적으로 보이는 것도 같은 맥락으로 해석할 수 있죠.

즉 알코올의 작용으로 심장이 빨리 뛰는 육체적 두근거림을 이성에 대한 두근거림으로 해석한다는 것입니다. 우리는 의외로 내 감정을 많은 부분 그대로 느끼는 게 아니라 '해석'합니다.

한마디로 이 논문은 '사랑과 강박의 상태가 화학적으로 같다'고 본 것입니다. 어떤 대상이 잘 때도 생각나고 꿈에도 나오고 시도 때도 없이 생각납니다. 그 대상이 같은 반 여학생 혹은 남학생이라면, 그건 사랑이라 할 수 있습니다. 반대로 그렇게 계속 머리에서 떠나지 않는 것이 '손 씻기' 같은 행동이라면 그건 강박으로 볼 수 있죠.

또한 이 논문은 우리의 마음과 신체가 연결되어 있다는 것을 보여주는 또 다른 연구가 아닐까 합니다. 신체적 반응은 심리적 반응과 따로 떼어놓고 생각할 수 없습니다. 실연당한 사람들에게 진통제를 주는 것이 효과가 있다는 연구도 있었습니다. 이처럼 사랑에 빠진 사람들이 불안해하거나 우울한 증상을 보일 때는 '괜찮아, 극복할 수 있어'라고 말해주는 것보다는, 견과류나 바나나처럼 세로토닌 분비에 도움이 되는 음식을 권하는 방법을 추천합니다.

가만히 생각해보면 사랑과 강박증은 동일한 것일 수밖에 없습니다. 처음에는 사랑에 빠진 그 대상이 없으면 불안하고 초조하고 고통을 느끼게 되니까요. 이런 신체적 반응을 느낌으로써 우리가 상대방을 사랑한다는 것을 자각하게 되는 것이죠. 그럴 때 상대방이 더 예뻐 보이고 소중하게 느껴지니까요.

사랑과 강박의 심리학적 정의

심리학적으로 보면 인간도 신체기관으로 이루어진 하나의 동물입니다. 그래서 어떤 대상을 보고 처음에는 강한 매력을 느끼지만, 매력의 대상이 부재할 때 힘들고 부정적인 감정을 겪으면서 그에 대한 애틋한 감정으로 변모하는 과정이 바로 사랑일 것입니다. 어쩌면 인간의 사랑도 그 시작은 굉장히 동물적인 것 같습니다. 이러한 동물적 측면이 강박증과 크게 차이가 없다는 것이죠.

강박장애는 영어로 Obsessive-Compulsive Disorder이라고 합니다. Obsessive는 원치 않는 생각이나 충동에 지속적으로 사로잡혀 있는 상태를 말합니다. Compulsion은 강박적 생각을 해소하기 위해 지속적으로 나타나는 충동적인 행동을 말하고요. 강박 행동은 청결 행동, 확인 행동, 반복 행동 등의 형태로 나타납니다. 강박장애 환자들은 자신의 행동이 부적절하고 지나치다는 것을 알면서도 강박적 사고로 인한 불안감을 감소시키기 위해 반복적인 행동을 하게 됩니다.

사랑은 많은 심리학자들의 연구 대상이고 심리학의 중요한 주제이기도 합니다. 그중 로버트 스턴버그Robert Sternberg라는 학자는 '사랑의 삼각형'이라는 아주 재미난 개념에 대해 이야기했습니다. 삼각형에는 꼭짓점이 3개 있죠. 이 꼭짓점에는 각각 친밀감intimacy, 열정passion, 헌신committment이 자리합니다. 친밀감은 상대방과 얼마나 가까운가, 열정은 상대방을 얼마나 뜨겁게 사랑하는가, 마지막으로 헌신은 상대방에게 얼마나 많은 것을 줄 수 있는가를 말합니다. 스턴버그는 이 3가지가 사랑의 구성 요소이고, 이것이 조화를 잘 이루었을 때 가장 아름다운 사랑이 된다고 말합니다.

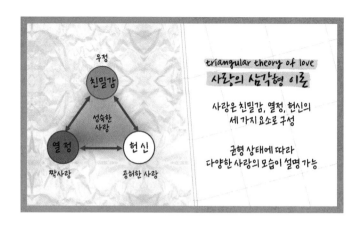

이 삼각형을 만드는 가장 기본적인 원칙은 짧은 두 선분의 길이의 합이 가장 긴 선분의 길이보다 길어야 한다는 것입니다. 그렇지 않으면 삼각형을 만들 수 없죠. 즉 어느 한쪽이 부족하거나 어느 한쪽에 치우치면 건강한 사랑이라고 볼 수 없다는 말입니다. 스턴버그는 사랑의 삼각형이 어떤 모양인지 알아보는 척도로 45개 문항을 제시합니다. 1~15번까지는 친밀감, 16~30번까지는 열정, 31~45번까지는 헌신에 대한 질문이죠.

이 중 몇 가지를 살펴보면 사랑과 강박의 차이와 관계를 좀 더 쉽게 이해할 수 있습니다. 예를 들어 '나는 이 세상에서 ○○와의 관계보다 더 중요한 것은 없다' 혹은 '나는 ○○ 없는 삶은 상상할 수 없다'라는 질문이 있습니다. 이때 ○○에 무엇을 넣느냐에 따라 그것은 사랑이 될 수도 있고 강박이 될 수도 있습니다.

- 나는 이 세상에서 그 사람과의 관계보다 더 중요한 것은 없다.
- 나는 이 세상에서 손 씻기보다 더 중요한 것은 없다.
- 나는 그 사람 없는 삶은 상상할 수 없다.
- 나는 손 씻기 없는 삶은 상상할 수 없다.
- 나는 낭만적인 영화나 책을 볼 때면 그 사람 생각이 난다.
- 나는 낭만적인 영화나 책을 볼 때면 손을 씻고 싶어진다.

어떻습니까? 대략 구분이 가시죠.

이 연구의 매우 중요한 포인트는 바로 막 사랑에 빠진 사람들을 대상으로 연구했다는 것입니다. 이때는 열정이 불타오르죠. 만약 이 실험을 막 사랑에 빠진 사람이 아니라, 사귄 지 한참 된 사람들을 대상으로 했다면 아마 사랑과 강박장애의 유사성 측면에서 상당한 차이를 보였을 수 있습니다.

즉 강박은 사랑의 삼각형 중 열정이 강한 상태와 유사합니다. 열정만 너무 많은 사랑은 아직 덜 성숙한 사랑이므로, 사랑의 초기 상태는 강박과 유사할 수밖에 없을 것입니다. 하지만 시간이 지날수록 친밀감이 쌓이고 헌신하는 마음도 커집니다. 이때는 사랑과 강박의 관계가 조금 느슨해지겠죠. 연애 초기에는 옆에 없으면 안 될 것 같고 매일 보고 싶은 마음이 들었는데 시간이 지나면서 그런 마음이 사그라들면, 우리는 흔히 사랑이 식었다고 표현합니다. 하지만 그것은 열정이 잦아들고 친밀감과 헌신이 점점 더 높아지면서 균형을 이룬 것이라고 보아야 할 것입니다.

한편 열정뿐 아니라 사랑의 3요소 중 어느 하나가 지나치게 강해져도 강박이 될 수 있습니다. 이 3가지가 균형을 이루어야 우리가 흔히 말하는 아름다운 사랑이 될 것입니다. 헌신도 너무 지나치면 상대방에게 부담을 줄 수 있습니다. 상대방에게 주기만 하고, 받는 것은 한사코 거부하는 분들이 있는데, 이런 분들 역시 심리학에서는 이기주의자라고 봅니다. 상대에게 심리적 채무감을 주기만 하고 자신은 채무를 지지 않으려는 거니까요.

사랑에 관한 연구는 심리학에서 사각형이나 오각형이 아닌 '삼각형' 모양으로 오랫동안 많은 학자들의 관심을 끌었습니다. 결국 이 많은 연구들이 결론적으로 이야기하는 것은 이 3가지를 남한테 줄 줄도 알아야 하지만 받을 줄도 알아야 한다는 것입니다. 그 주고받음이 적절하게 균형을 이룰 때 우리는 강박이 아니라 사랑에 이를 수 있습니다.

사랑에 빠진 사람들의
강박적인 행동

그럼에도 사랑과 강박의 공통점을 찾아본다면, 한 대상에 엄청나게 주의를 집중한다는 점을 꼽을 수 있습니다. 어떤 사람과 사랑에 빠지면, 아주 사소한 것이라도 그 사람과 관련된 특정 메시지를 받지 못하거나 특정 장면 등을 보지 못할 때 견디기 힘들어합니다. 마치 집의 대들보가 무너진 것 같은 느낌을 받을 수도 있습니다. 사랑이 사람을 이런 상태로 만드는데, 강박도 마찬가지입니다.

세상에는 무수한 사랑 노래들이 있습니다. 그런데 그 가사를 자세히 하나하나 짚어보면 정말 무시무시합니다. "잊으려 해도 잊을 수 없는, 지우려 해도 지울 수 없는, 너 때문에 나는 아무것도 할 수가 없다." 이런 식의 가사를 보면 이런 상태야말로 완벽한 강박입니다.

사랑 노래의 가사를 살펴보면 강박적인 언어들로 상대에게 구차하게 매달리는 세상 찌질한 인간들의 심정을 노래합니다. 즉 사랑과 강박이 종이 한 장 차이라는 것은, 노래 가사만 봐도 충분히 알 수 있습니다. 이 가사들에서는 결국 소유의 측면에서 사랑에 접근하고 있습니다. 사랑은 '공유'하는 것인데 '소유'한다고 생각하니까 상대방이 내 울타리에서 벗어나는 게 참기 힘들고, 불안감과 우울감이 드는 것이죠.

매일매일 하루 종일 누군가를 생각한다? 잘 생각해보면 이건 사랑이 아니라 강박일 수 있습니다. 강박이 더 극단적인 방향으로 나아가면 요즘 큰 문제가 되고 있는 데이트폭력으로 발전할 수 있거든요. 우리 사회는 여전히 데이트폭력을 대수롭지 않게 여기는 분위기가 지배적입니다. '사랑하면 그럴 수도 있지'라고들 생각하는 것이죠.

예를 들어 상대방이 나 아닌 다른 이성 친구에게 말만 걸어도 굉장히 싫어하는 사람들이 있습니다. 그럴 때 자기 애인의 손을 아플 정도로 꽉 잡는다거나 대놓고 싫은 티를 내는 등의 과도한 행동들은 데이트폭력의 초기 신호일 수 있습니다. '뭐 그런 거 가지고 그렇게 심각하게 생각해?'라고 넘길 일이 아니라는 거죠.

건강한 사랑의 관계라면 내 연인이 나와 맺는 관계뿐 아니라 다른 사람과 맺는 관계도 존중하고 중요하게 생각해야 합니다. 내가 이성과 일상적인 대화를 나누는 것만으로도 내 연인이 과민한 반응을 보인다면, 혹시 그런 반응이 반복적으로 나타난다면, 한 번쯤은 지금의 관계를 심각하게 생각해봐야 합니다.

이뿐 아니라 상대의 외모를 지속적으로 비난하는 것 역시 가볍게 볼 일은 아닙니다. 이것은 일종의 정서적 학대이고,

이 또한 정도가 심하고 반복적으로 나타난다면 데이트폭력으로 발전할 수 있습니다. 진화심리학자 데이비드 버스David Buss는 배우자 간에, 특히 남편이 아내의 외모를 지속적으로 평가절하하고 비웃는 행위를 언어폭력으로 보았습니다. 그렇게 계속해서 반복적으로 언어폭력을 행사함으로써 '너는 나 이외의 남자를 만날 수 없다'는 강한 구속력을 만들어낸다는 것이죠.

강박증과 완벽주의의 차이

또한 강박증은 완벽주의와 구별할 필요가 있습니다. 때로 강박증을 완벽주의로 포장해 긍정적으로 보는 경우가 있는데, 이런 시각을 경계해야 합니다. 완벽주의는 강박증보다 더 위험할 수 있기 때문입니다. 강박증은 손 씻기나 청결함처럼 대상이 존재하지만, 완벽주의는 특정한 대상이 없습니다. 그저 모든 상황에서 스스로 잘못을 인정할 수 없고, 남에게 욕을 먹거나 부정적인 평가를 용납하지 못하는 것입니다.

강박증이 있는 사람은 '다른 건 몰라도 이것만큼은 있어야 한다, 다른 것은 안 해도 그것은 꼭 해야 한다'고 생각합니다. '다른 건 없어도 당신만 있으면 돼'라고 한다는 점에서 사랑과 비슷하죠. 그런데 완벽주의는 어떤 욕도 부정적인 소리도 들으면 안 되기 때문에 어떤 면에서는 완벽주의 성향이 자기 자신을 더 힘들게 할 수 있습니다.

예를 들어 저는 학생들 논문을 지도할 때, 다른 건 몰라도 그 논문의 가치를 정확하게 표현하는 문구가 없으면 논문으로 인정하지 않습니다. 오탈자는 잘 보지도 못할뿐더러 신경을 별로 안 씁니다. 그 논문이 추구하는 큰 그림에 집착하니까요.

이처럼 완벽주의는 무엇을 하든 예측을 불가능하게 하고 '다른 건 몰라도'라는 말을 쓰지 않습니다. 다른 예외적인 경우가 없이 어떻게 해도 만족을 못 하는 것이죠. 완벽주의는 어떤 일을 완벽하게 해서 좋은 결과를 내는 데 관심이 있는 게 아니라, 필연적으로 남에게 '부정적인 평가'를 받지 않는 것에 집착합니다.

스미스칼리지 교수인 심리학자 랜디 O. 프로스트Randy O. Frost에 따르면, 우수한 사람은 90점이라는 시험 결과를 놓고 자신이 틀린 문제를 확인하고 틀린 이유를 알아내기 위해 그 문제를 맞힌 다른 친구와 오답을 공유합니다. 하지만 남들에게 부정적인 평가를 받지 않는 것이 지상 최대의 과제인 완벽주의자는 자신이 틀린 문제를 친구들과 결코 상의하지 않습니다.

완벽주의자들의 성장과정을 살펴보면, 어릴 때 자신이 한 것 이상으로 많은 칭찬을 받은 경우가 많습니다. 자신은 10점 정도의 일을 해냈을 뿐인데 80~100점 정도의 칭찬을 받아온 것이죠. 내가 한 것과 칭찬 사이의 빈 공간이 보이고, 실제 내가 하지 않은 것에 대해서도 칭찬을 받아야 하니까 그것을 채우지 못하면 견딜 수 없게 되는 것입니다. 그래서 의외로, 칭찬이 후하고 너그러운 부모 밑에서도 완벽주의 성향의 자녀가 나올 수 있습니다. 강박적이고 완벽주의 성향의 부모 밑에서 성장했을 때 자녀 역시 비슷한 성향을 보일 수 있는 것은 물론이고요.

　　강박적이든 완벽주의든, 이런 성향의 이성은 좋은 상대가 아닐 겁니다. 집착이 너무 강하거나, 나만 사랑해주길 바라거나, 상대가 없으면 못 사는 사람들은 이런 성향을 어떻게든 좋게 포장하려 합니다. 초기에는 이런 성향을 잘 파악하지 못하거나, 심각하게 생각하지 못하기 때문에 더더욱 조심해야 합니다.

　　그렇다면 완벽주의는 다 나쁘다고 봐야 할까요? 지금까지의 설명이 오해를 불러일으킬 수도 있기 때문에 부가적으로 설명하자면, 완벽주의는 적응적 완벽주의와 부적응적 완벽주의로 나눌 수 있습니다. 적응적 완벽주의는 보통 상대적으로 굉장히 높은 기준을 설정해놓고 그 목표에 도달하도록 지속적으로 열심히 노력하는 성향입니다. 반면 부적응적 완벽주의는 타인에게 과도한 기대를 하거나 무리한 요구를 하고, 지속적으로 통제하고 집착하는 성향을 말합니다. 특히 부적응적 완벽주의가 강박장애로 발전할 가능성이 훨씬 높습니다.

적응적 완벽주의는 긍정적인 측면이 있기는 하지만, 반드시 좋게만 볼 수는 없습니다. 완벽주의라는 개념 자체가 이미 부정적인 의미를 담고 있기도 하고, 자칫 생산성, 성공, 성취, 승리 지상주의에 빠질 수 있기 때문입니다. 사실 주변에서 볼 수 있는 정말 행복한 사람들은 많은 것을 성취했다기보다 적정한 삶을 사는 경우가 많습니다. 많은 사람들이 적응적 완벽주의자가 되기를 바라지만, 어떤 면에서 한국사회에서는 적정한 삶을 사는 것이 더 중요한 화두가 되지 않을까 합니다.

완벽주의나 강박장애 말고 '강박성 성격장애'라는 것이 있습니다. 강박장애는 주로 사물에 강박적 성향을 보이는 것이고, 당사자도 그런 성향을 괴로워하며 고치려고 노력도 합니다. 그러나 강박성 성격장애는 대상이 사람인 경우가 많고 완벽주의 성향이 강하게 나타납니다. 이 때문에 본인의 의견과 맞지 않는 것은 무조건 반대하죠. 자기가 잘못했다는 생각을 못 합니다. '내가 하는 방식이 맞는데, 왜 남들은 나처럼 하지 않을까?' 하고 일방적으로만 생각합니다.

영화 〈이보다 더 좋을 순 없다〉에서 잭 니컬슨이 연기한 '멜빈 유달'이라는 인물이 바로 전형적인 강박성 성격장애를 보입니다. 영화에서 멜빈은 보도블럭의 선을 밟지 못하고, 레스토랑에서도 반드시 같은 자리에 앉아야 하죠. 거기다 고집도 세고 다른 사람의 실수를 절대 용납하지 못합니다.

평상시 행동이나 언어 습관에서 강박증을 간파하는 방법

상대방이 강박증이 있는지 알아보려면 거절당했을 때 어떻게 행동하는지 살펴보면 됩니다. 좌절하거나 욕구가 충족되지 않았을 때 행동 양상을 보는 것이죠. 코로나 팬데믹 때문에 공공장소에서 문의 손잡이를 되도록 만지지 말라고 권고했습니다만, 꼭 코로나 때문이 아니어도 평소에 많은 사람이 접촉하는 무언가를 만지는 것을 극도로 싫어하는 사람들이 있습니다. 즉 손잡이에 대한 강박이 있는 것이죠. 그렇지만 생활하다 보면 어쩔 수 없이 손잡이를 만져야 하는 경우가 생깁니다. 이럴 때 보통은 손잡이를 잡고 나중에 씻으면 되겠다고 생각하죠. 하지만 강박증 환자들은 '나중에'를 생각하지 못합니다. 실수로 버스 손잡이라도 만졌다가는 그대로 버스에서 내려버리거나 계속해서 닦고 씻는 행동을 반복하죠.

강박적 성향은 모든 사람이 어느 정도는 갖고 있습니다. 아예 없는 사람은 한 명도 없다고 할 수 있죠. 즉 정도의 차이인데, 다만 강박의 결과로 '충동적 행동'이 일어나면 문제가 됩니다.

식탁에 수저가 닿는 것을 싫어하는 사람이 있습니다. 그래서 휴지를 깔고 수저를 놓는데, 만약 어떻게 하다가 식탁에 수저가 닿았을 때 수저를 새 휴지로 닦고 밥을 먹을 수 있으면 문제가 없습니다. 하지만 자리를 박차고 나오면 문제가 될 수 있죠. 즉 충동적인 행동으로 이어진다는 것이 문제입니다. 물건을 버리지 못하고 계속 쌓아두는 분들이 있는데, 정기적으로 정리를 하고 깨끗이 쌓아두면 문제가 없습니다. 하지만 쌓인 물건들로 집 안이 쓰레기통이 되고 일상생활에 지장을 준다면 그것은 '저장 강박'이 되겠죠.

강박장애의 평생 유병률은 약 2.5%로 남성보다 여성에게 조금 더 높게 나타난다고 합니다. 흔히 보고되는 강박 행동은 청결, 정돈 등의 행동을 수시로 하거나 심지어 하루의 대부분을 이런 행동을 하는 데 보내는 것이 있습니다. 강박 행동에는 갈색 물건이면 무엇이든 기피하는 등 특정 대상을 회피하는 행동, 숫자를 세거나 특정 숫자를 반복해서 중얼거리는 행동, 신체의 특정 부위를 만지는 등 보호 행위를 반복하는 것, 이미 어떤 행동을 끝냈는데 제대로 했는지 7~8회 다시 확인하는 행동(전등불 끄기, 가스 밸브, 수도꼭지 잠그기) 등이 있습니다.

사랑에 관한 또 다른 연구

이 연구가 나오고 1년 뒤에 마치 에필로그처럼 뒤따라 나온 연구가 있습니다. 이 연구는 앞서 소개한 것처럼 이제 막 사랑을 시작한 사람들이 연구 대상이었습니다. 그런데 후속 연구는 1년 뒤에 이 사람들을 다시 한 번 조사합니다. 첫 번째 연구에서는 이들의 세로토닌 수치가 강박증 환자들과 비슷하게 낮았는데, 1년 뒤에 조사해보니 이들의 세로토닌 수치도 오래된 부부들과 비슷한 수준으로 올라가 있었습니다.

연구의 결과만 보면, 마치 사랑이 식은 게 아닌가 하는 생각이 들지만 꼭 그렇지는 않습니다. 앞서 말씀드린 것처럼 사랑은 균형을 이루는 것이 중요하기 때문에, 이들의 세로토닌 수치가 높아졌다는 것은 이들의 사랑이 열정 가득한 사랑에서 조화로운 사랑으로 발전했다고 해석할 수 있습니다. 사랑이 변하면 사랑이 식었다고 보통 얘기하지만, 사실은 조화를 이룬 것이므로 사랑이 변했다고 해서 반드시 애석해할 일만은 아니라는 것이죠.

사랑과 관련된 또 다른 흥미로운 연구를 소개하겠습니다. 멀리 떨어져서 원거리 사랑을 하는 분들 많이 계실 겁니다. 특히 코로나 때문에 사랑하는 사람을 자주 만나지 못하는 분들이 더 많아졌을 겁니다. 이 연구에서는 그런 분들을 위한, 그런 분들에게 도움이 될 만한 실험을 진행했습니다. 연인의 향기를 맡으면서 자면 잠을 훨씬 잘 자게 된다는 내용입니다.

연구는 155명을 대상으로 진행됐습니다. 티셔츠 2개를 준비하는데, 그중 하나는 연인의 향기가 배어 있는 것이고 다른 하나는 일반적인 것입니다. 그랬더니 연인의 향기가 스며 있는 티셔츠를 옆에 두고 잤을 때, 일반적인 티셔츠를 두고 잤을 때보다 잠을 훨씬 잘 자는 결과를 보여주었습니다.

이 실험을 보면, 냄새 같은 것이 단서가 되어 우리의 행동에 상당히 큰 영향을 미치는 것이 아닐까 생각해볼 수 있습니다. 실제로 참가자들은 멜라토닌 수치가 높아지는 등 생리학적 변화로도 수면의 질이 달라졌음이 관찰되었습니다.

그렇다면 연인이 없는 사람, 사랑을 하고 있지 않은 사람은 어떡해야 할까요? 가뜩이나 외로운데 이런 면에서까지 불리한 역할을 떠맡아야 할까요? 아닙니다. 심리학자들은 여러 나라, 다양한 문화권의 속담을 연구하는데, 그중에 이런 속담이 있습니다. "불안한 날에는 새 이불을 덮지 마라." 즉 자기 냄새를 계속 유지하라는 것이죠.

자기 냄새 못지않게 강력한 효과를 발휘하고 많은 분들이 공감하는 냄새가 바로 '엄마 냄새'일 겁니다. 독립을 했거나 결혼을 해서 부모님과 함께 살지 않다가, 명절 같은 때 집에 내려가서 부모님이 쓰시던 이불이나 베개를 놓고 자면 스르르 잠이 들고 푹 자는 경험을 하게 됩니다. 우리 뇌는 태어날 때부터 맡은 부모님의 체취를 평생 기억합니다. 그래서 굳이 연인이 아니더라도 '냄새'라는 화학적 차원에서 나 자신 혹은 나를 정말 사랑해주는 부모님의 체취는 강력한 효과를 지닌 신경 안정제가 될 수 있습니다.

여기서 핵심은 '냄새'가 우리의 기억과 연결되어 있다는 것입니다. 냄새를 맡는 것은 단순히 화학물질의 작용이 아니라 우리의 감정 및 기억과 매우 밀접하게 연결되어 있습니다. 그래서 좋은 기억과 연결된 냄새를 맡으면 잠을 잘 잘 수 있다고 합니다.

실제 연구에서도 비슷한 얘기를 합니다. 한 집단에는 꽃향기 같은 좋은 냄새를 맡게 하고, 다른 집단에는 달걀 썩은 냄새 같은 나쁜 냄새를 맡게 한 뒤 잠을 자게 하면, 렘수면시 좋은 냄새를 맡은 집단은 수면의 질이 높아지고 나쁜 냄새를 맡은 집단은 악몽을 꿉니다.

냄새는 코로 들어가서 후각피질에 전달되는데, 후각피질은 전두엽과 직접 연결됩니다. 전두엽은 우리의 판단을 관장하기 때문에, 기억이나 판단과 상당히 중요한 관련성이 있습니다.

강박에서 벗어나기 위한 조언

그렇다면 강박에서 벗어나려면 어떻게 해야 할까요? 사실 이럴 때 우리가 가장 흔히 저지르는 실수가 바로, 강박에서 벗어나야겠다고 굳게 다짐하는 것입니다. 이것은 가장 바보 같은 방법이고 절대 불가능한 방법입니다. 내가 어떤 강박적인 생각이나 행동을 하고 있는데, 그것을 안 하겠다고 하면 그것만큼 어려운 게 없습니다. 몇 초도 버티지 못하죠.

이때 내가 헤어 나오지 못하는 생각, 바꿀 수 없는 생각을 실제 물리적으로 다른 곳으로 이동시키면 굉장히 재미있는 효과를 볼 수 있습니다. 아이들이 집에서는 밥을 잘 안 먹죠. 저희 아이들도 마찬가지입니다. 그런데 가족끼리 한강 고수 부지에 피크닉을 가면서 집에서 쓰는 전기밥솥을 갖고 간 적이 있었어요. 거기서 밥솥을 열고 집에서처럼 밥을 퍼줬죠. 집에서는 아무리 애원해도 밥을 안 먹던 애들이 거기서는 두 그릇씩 뚝딱 해치웠습니다.

이처럼 어떤 물건에 대해서 가지고 있는 생각은 그 물건을 둘러싼 물리적 환경과 강하게 연결되어 있습니다. 전기밥솥은 항상 부엌에서 보는 것이고 엄마가 전기밥솥에서 퍼주는 밥은 항상 먹기 싫은데, 그것을 잔디밭에서 보니 너무 신기한 거죠.

내가 어떤 물건에 집착하고 있다면 그 물건을 실제 다른 곳으로 옮김으로써 나의 생각과 행동을 여러 가지로 분산시켜보는 것도 좋은 방법입니다. 습관도 마찬가지입니다. 나쁜 습관은 없앨 수 없습니다. 그것을 억누르기는 너무 힘듭니다. 하지 말아야겠다, 억눌러야겠다고 생각하면 더 하게 되죠. 이때 나쁜 습관을 없애려 하지 말고 다른 좋은 습관으로 덮어씌우는 방법을 쓴다면 효과가 있을 겁니다. 강박적인 행동을 다른 행동으로 덮어씌우는 것이죠.

'흰곰을 떠올리지 마라'라는 말을 듣는 순간 여태까지 한 번도 생각하지 않은 흰곰이 머릿속에 떠오릅니다. 떠올리지 않으려고 하면 할수록 점점 더 강렬하게 들러붙습니다. 강박도 마찬가지죠. 내가 손 씻기에 강박이 있는 것 같다고 생각하는 순간, 손 씻기에 더 신경을 쓰게 됩니다. 그런데 누구나 조금씩은 이런 면이 있습니다. 어떤 사람은 손을 더 자주 씻고, 어떤 사람은 양치질을 더 자주 하고, 어떤 사람은 불을 껐나 안 껐나 더 자주 확인합니다.

그런데 이런 행동이 생활에 큰 불편을 주지만 않는다면 너무 과하게 신경을 쓰지 않아도 될 것 같습니다. 남들보다 손 한 번 더 씻고, 양치질 한 번 더 하고 그렇게 살아도 문제없습니다. 자신의 이런 행동을 지나치게 문제 삼을 때 진짜 문제가 되는 것이죠.

저는 여름이 되면 선풍기를 껐는지 안 껐는지 신경을 많이 쓰는 편입니다. 선풍기를 안 끄고 온 것 같아서 연구실로 다시 돌아온 적도 많습니다. 그때 생각해낸 방법이, 선풍기를 끌 때 반드시 "선풍기 껐음"이라고 말로 하는 것이었습니다. 내 입에서 말로 나갔고 귀로 그 소리가 들어가는 과정을 거치니까, 선풍기를 껐다는 사실을 더 명확히 기억할 수 있었습니다.

또 한 가지 방법은 선풍기를 끌 때 끄기 버튼만 누르는 게 아니라 아예 콘센트를 뽑는 것입니다. 그러면 동작이 훨씬 커지고 복잡해지기 때문에 나중에 선풍기를 껐는지 안 껐는지 기억하기가 더 쉽습니다. 내가 말로 했고, 귀로 들었고, 코드를 뽑는 동작을 했기 때문에 염려를 덜하게 되는 것이죠.

앞서 스톱Stop 시스템과 노고No Go 시스템에 대해 이야기하면서 노고 시스템을 활용하라고 했습니다. 스톱 시스템은 어떤 행동을 '하지 마, 생각하지 마'라고 하는 것인데, 이런 시스템은 실패할 가능성이 높습니다. 이때 이런 행동과 생각을 유발하는 사건이 무엇인지 먼저 확인하고, 노고 시스템으로 전환하는 겁니다. 예를 들어 선풍기나 가스를 껐는지 계속 확인하는 강박이 있다면 현관문에 '불을 껐는지 확인하자'라고 붙여놓거나 사진을 찍어보세요. 그것이 증거가 되어서 더 이상 생각하지 않을 수 있습니다.

강박과 사랑이 화학적으로 동일한 것처럼, 인간관계에서도 전혀 다른 여러 감정들이 동일한 화학작용에 기초하는 경우가 많습니다. 최근 심리학자들은 이런 이야기를 많이 합니다.

연인이나 배우자에게 화가 많이 난다고요? 그렇다면 아직도 그 사람에게 원하고 바라고 소망하는 것이 많다는 증거입니다. 누군가에게 원하고 바라고 소망하는 것이 있다는 것은, 아직 그 사람을 많이 사랑하고 있다는 증거입니다.

인간의 다양하고 긍정적인 감정들은 훈련을 받고 후천적

으로 배운 감정입니다. 그러나 그 대상이 없으면, 그 사람이 없으면 도저히 못 살겠다 하는 것은 동물적 감정이라 할 수 있습니다.

수면이 우리의 성격에 미치는 영향

이번에는 우리의 일상생활에서 너무도 중요한 잠 이야기를 해보겠습니다. 바로 2014년에 이그노벨 심리학상을 수상한 잠에 관한 연구입니다. 이 세상에 아마 잠을 안 자는 사람은 없을 겁니다. 그런 만큼 이 연구를 보면 수면 패턴이 우리의 성격 형성에 얼마나 놀라운 영향을 미치는지 알 수 있습니다.

본인이 야행성이라고 생각하는 분들은 이번에 소개하는 내용들을 특히 주의 깊게 읽어보시기 바랍니다.

수면과 인간의
어두운 특징의 연관성

2014년에 이그노벨 심리학상을 수상한 이 논문은 피터 K. 조너선Peter K. Jonason의 연구로, 논문 제목은 '늦게 자는 저녁형 인간일수록 어두운 3가지 특징이 더 많이 나타난다 Creatures of the night: Chronotypes and Dark Triad traits'입니다.

인간의 어두운 3가지 특징은 무엇일까요? 심리학에서는 일반적으로 인간의 3가지 어두운 측면을 '나르시시즘, 사이코패스, 마키아벨리즘'으로 설명합니다. 즉 심각한 수준의 자아도취적 성향, 타인을 무참히 짓밟는 사이코패스적 성향, 권력이나 이득을 얻기 위해 타인을 능수능란하게 이용하는 마키아벨리적 성향을 말합니다. 이 연구는 이 3가지 측면이 잠을 늦게 자거나 야행성인 사람들에게서 나타난다는, 어떻게 보면 무시무시하고 많은 사람들이 공감할 수 있는 결과를 내놓고 있습니다.

사실 자아도취는 '자존감'이라는 측면에서 보면 나쁘다고만은 할 수 없습니다. 자존감이란 스스로에게 건강한 만족감을 느낌으로써 무언가를 할 수 있다는 긍정적인 에너지를 주기 때문입니다. 하지만 자존감이 높은 수준을 넘어서 나스스로를 너무 좋아한 나머지 정상적인 판단을 하기 힘들 정도가 되면 위험합니다. 즉 '내가 괜찮은 사람이다'라는 생각이 지나쳐서 '너는 못났어, 열등해, 그러니까 나만 괜찮아'라는 비뚤어진 방향으로 나아가면, 타인과 공존을 거부하게 되기 때문입니다. 나르시시즘의 어원이 되는 그리스 신화의 '나르시스' 이야기도 물에 비친 자신의 얼굴이 너무 아름다워서 그것을 바라보다 결국엔 죽음에 이르게 되니까요.

두 번째, 사이코패스적인 측면은 상대방에 대해 감성적으로 전혀 공감하지 못하는 것을 말합니다. 한동안 "아프냐? 나도 아프다"라는 한 드라마 대사가 유행한 적이 있었죠. 사이코패스는 이와 정반대되는 감정 체계를 지녔다고 할 수 있습니다. 대부분은 길거리에서 누가 넘어져서 무릎이라도 까지면 '아이고 아프겠다'라고 느끼는 게 인지상정이죠. 사이코패스는 이런 아주 기본적인 공감 능력조차 없습니다. 사이코패스들이 저지른 살인을 살펴보면 대개 끔찍하고 엽기적입니다. 사람의 시신을 마치 고깃덩어리나 생명 없는 물건 대하듯 다루는, 무공감적이고 무정서적인 측면들이 굉장히 많죠.

마지막으로 마키아벨리즘은 마키아벨리가 쓴 《군주론》에서 비롯된 말로, 국가의 발전을 위해서는 어떤 수단과 방법도 다 허용된다는 국가 지상주의적 사고방식을 말합니다. 이런 성향은 개인의 이득을 위해서 상대방을 도구처럼 능수능란하게 이용하기 때문에 '소시오패스적'이라고도 할 수 있습니다. 사이코패스와 소시오패스는 약간 다릅니다. 사이코패스는 감각적으로나 정서적으로 아무것도 느끼지 못하지만, 소시오패스는 감정을 느낍니다. 자신은 물론 상대방의 감정도 느끼기 때문에, 상대방이 힘들 거라는 것도 알 수 있습니다. 심지어 자신에게 이득이 된다고 생각하면 연민이나 동정심도 얼마든지 이용하죠.

사실 이 나르시시즘, 사이코패스, 마키아벨리즘적인 성향은 정도의 차이일 뿐 인간이라면 누구나 다 갖고 있습니다. 문제는 우리가 이런 어두운 측면을 어떻게 통제하고, 다른 사람과 공존하면서 적절하게 표출하느냐에 달려 있죠.

저녁형 인간은 사악하다!?

연구는 영국의 대학생 263명을 대상으로 조금 전에 언급한 '나르시시즘, 사이코패스, 마키아벨리즘'을 측정할 수 있는 온라인 설문을 실시했습니다. 동시에 각자 어느 시간대에 활동하는 것이 가장 잘 맞는지 나타내주는 크로노타입(chronotype, 지표)도 측정했습니다. 쉽게 말하면 자신이 아침형 인간인지 저녁형 인간인지 판별하게 했습니다.

연구 결과, 늦게 자는 저녁형 인간이 인간의 어두운 3가지 측면과 굉장히 높은 상관관계를 보였습니다. 이러한 결과는 성별과 무관했습니다. 즉 저녁형 인간 가운데 유독 남성이 많거나 여성이 많지는 않았습니다.

이 논문에서는, 결국 우리 호모 사피엔스가 사회의 구성 요소로서 살아가기 위해 나타난 적응의 과정을 살펴보는 것이 타당할 것이라고 말합니다. 즉 어떤 사람은 아침형 인간으로, 또 어떤 사람은 저녁형 인간으로 살아가는 데는 다 그만한 이유가 있다는 것이죠. 이 말은 우리가 상황에 맞게 적합한 행동을 하도록 진화해왔다는 의미입니다.

이 논문에서는 공존 능력이 부족한 사람들, 즉 타인과 잘 지내고자 하는 동기가 떨어지는 사람들을 보면, 대개 잠을 늦게 잔다고 합니다. 그러나 수면 시간이 부족하다고 해서 무조건 이 3가지 측면이 다 강하다고 할 수는 없습니다. 즉 밤에 늦게 잔다고 해도 타인과 원만하게 지낼 수 있는 이타성이나 협동 능력이 있을 수 있죠. 밤늦게까지 잠을 안 자고 연구하면서 수많은 멋진 상품을 개발하고 발명해낸 사람들이 얼마나 많습니까?

이런 사람들은 이타성이 있고 그것이 창조성과 연결되어서 놀라운 발명을 해낼 수 있었던 것입니다. 반면 공존 능력이나 협동심이 부족한 사람이 수면도 부족하면, 앞서 말한

3가지 어두운 성향이 높아질 수 있다고 이 논문은 주장합니다.

아침형 인간 vs. 저녁형 인간

그렇다면 아침형 인간과 저녁형 인간을 나누는 기준은 무엇일까요? 사실 몇 시에 자고 몇 시에 일어난다 하는 정확한 시간을 구분하기는 힘듭니다. 그러나 상당히 많은 사람들을 대상으로 한 유럽의 연구들에 따르면, 밤 12시에 잠자리에 들어서 아침 8시에 일어나는 것이 일반적이라고 합니다. 그렇다면 수면 시간이 대략 8시간 정도 되죠. 이렇게 볼 때 밤 12시 이후에 자는 사람은 저녁형 인간일 가능성이 크고, 그 이전에 잠드는 사람은 아침형 인간일 가능성이 크다고 볼 수 있겠습니다.

일반적으로 적절한 수면 시간은 몇 시간일까요? 수면 시간에 대한 연구 결과들이 있기는 하지만 정확히 '몇 시간'이라고 정해진 것은 없고, 일반적으로 대략 7시간 정도 자는 것이 적절하다고 합니다. 또 최근의 연구들은 그 이상의 수면 시간이 심혈관계 질환을 예방하는 데 좋다고도 합니다. 어쨌든 일관적으로 '적당한' 양의 수면이 가장 중요하다고 하는

데, 사실 '적당하다'는 것의 기준이 아주 모호하죠.

어쨌든 대략 이런 기준으로 볼 때 우리나라 사람들은 거의 저녁형 인간에 가깝습니다. 대부분이 12시 이후에 자고 8시 이전에 일어나니까, 어떤 통계를 봐도 우리나라 국민들이 잠을 가장 덜 잡니다. 일주기 리듬에 따라 사람이 하루 중 가장 활발하게 깨어 있고 또 잠드는 시간대를 연구한 크로노타입과 가장 밀접한 연관이 있는 것이 바로 우리 몸의 '생체 시계biological clock'입니다. 인간 몸의 시계는 보통 24시간에 맞춰 있다고 생각하는데, 사실 24시간보다는 조금 길어서 24시간에서 25시간 사이라고 보면 됩니다.

대부분의 사람들은 늦게 자는 것은 그렇게 피곤해하지 않는데, 아침에 일찍 일어나는 것은 굉장히 힘들어합니다. 해외 여행을 갈 때도 시차 때문에 1시간 늦게 자도 되는 나라로 가면 적응하기가 훨씬 쉽고, 반대로 1시간 일찍 일어나야 하는 나라의 경우는 더 힘들게 느껴지죠. 이런 현상은 모두 우리 몸의 생체 시계 때문에 일어나는 일입니다.

동물은 진화 과정에서 각 종마다 그 종의 생존에 유리한 시간에 활동을 해왔습니다. 그러니까 낮에 활동하는 것이 유리한 동물은 낮 시간에 맞게 진화해왔고, 밤에 활동하는 것이 생존 가능성을 높이는 동물은 밤에 활동하도록 진화한 것이죠. 대표적으로 야행성인 안경원숭이를 들 수 있습니다. 안경원숭이는 눈이 굉장히 크죠. 신체 비율로 봤을 때 굉장히 큰 부분을 차지하는 눈은 바로 야간 활동에 최적화된 정보를 잘 받아들일 수 있는 진화의 산물입니다.

그렇다면 인간은 어떨까요? 인간의 경우, 아침형 인간이라면 주로 해가 떠 있을 때 활동할 것이고 그래서 다른 사람과 함께하는 상황이 훨씬 많을 겁니다. 그러면 다른 사람과의 협동이나 어울림이 중요할 수밖에 없습니다. 성격적으로도 그런 부분들이 더 발달할 것이고요.

반면 야간에 주로 활동하는 사람들은 무리를 지어 행동하는 측면은 상대적으로 적고, 혼자 활동하는 일이 많아질 겁니다. 남보다는 자신에게 집중하는 비중이 크기 때문에, 이런 경우 균형이 심하게 흐트러지면 건강하지 못한 자아도취로 변질될 수도 있습니다. 남에 대한 배려의 기회가 줄어들다 보니 성격 면에서도 배려심이 부족해질 수 있고요.

잠이 부족하면
나쁜 습관을 제어할 수 없다

속담에도 '일찍 일어나는 새가 벌레를 잡는다'는 말이 있조. 그렇지만 약간 달리 생각해보면, 일찍 일어나는 새가 더 빨리 총에 맞을 수도 있습니다. 즉 아침형이나 저녁형이냐 하는 것은 모든 사람에게 일반화할 수 없고 상황에 따라 개인차가 있을 수 있다는 것입니다.

한편으로 이 논문을 통해 알 수 있는 것은 '잠이 얼마나 중요한가' 하는 것입니다. 잠에 대한 연구들이 많이 나오고 또 잠을 다각도에서 분석하고 있지만, 결국 공통적으로 하는 이야기는 '잠이 부족하면 문제가 생긴다'라는 것입니다. 잠이 부족한 다음 날 우리의 행동이 어떤지 떠올려보면 쉽게 알 수 있습니다. 대부분의 연구에서 잠이 부족할 때 전두엽이 관장하는 논리 연산력은 크게 영향을 받지 않는다고 말합니다. 오히려 현저하게 영향을 받는 것은, 습관 중에서도 나쁜 습관을 제어할 수 있는 능력이죠.

즉 수학 문제를 푼다거나 어떤 답을 추론하는 능력은 크게 떨어지지 않는데, 문제는 사람들 앞에서 나쁜 습관들이 불쑥불쑥 튀어나오는 것을 막지 못해 난감한 상황에 처할 수 있다는 것입니다. 굳이 연구의 사례를 들지 않아도, 지난 8년간 대학교 면접 시험장에서 수천 명의 학생들을 대해본 제 경험을 토대로 말씀드릴 수 있습니다.

학생들은 면접 날 잠을 잘 못 자고 옵니다. 자기 인생에서 가장 중요한 날이니까요. 그래도 면접 당일에는 혼신의 힘을 다해 준비해온 대답을 잘 해냅니다. 면접관이 어떤 질문을 해도 내용 면에서 크게 흔들리는 학생들은 많지 않습니다.

그런데 정말 많은 학생들이 자기 습관을 하나씩은 다 보여주고 나갑니다. 10명 중 3명은 들어오자마자 다리를 꼬고 앉습니다. 자기도 모르게 나오는 습관이죠. 면접을 마치고 나가서는 자기가 그런 행동을 했다는 것을 대부분 기억하지 못합니다. 이런 학생들을 앞에 둔 면접관들은 학생이 아무리 대답을 논리적으로 잘해도 불쾌감을 느낍니다.

또 10명 중 2명은 자리에 앉자마자 턱을 괴고 말하기 시작합니다. 가장 황당한 사례는, 10명 중 1명꼴로 불을 끄고 나가는 경우예요. 절전하는 습관, 물론 바람직한 행동이죠. 하지만 11월 늦은 오후 면접관들을 암흑 속에 남겨두고 홀연히 사라지는 상황을 한번 생각해보십시오. 정말 황당한 일이 아닐 수 없습니다. 결론적으로, 잠이 부족하면 다음 날 사회생활을 할 때 자신의 나쁜 습관을 제어하지 못해 난감한 상황이 벌어질 수 있습니다.

인간 수면의 이유

그렇다면 우리는 왜 잠을 잘까요? 수면을 연구한 학자들은 보통 3가지 정도로 수면의 이유를 설명합니다. 첫 번째는 복원 가설입니다. 뇌는 깨어 있는 동안 여러 가지 활동을 하면서 에너지를 많이 소모합니다. 그 과정에서 일종의 찌꺼기들이 뇌에 쌓이는데, 자는 동안 그 찌꺼기들을 배설하고 다시 에너지를 흡수하는 일을 한다는 것이죠. 뇌에 쌓인 노폐물을 뱉어내고 양분을 원활히 공급하려면 잠을 잘 자야 한다는 말입니다.

두 번째는 에너지 보존 가설입니다. 밤에 잠을 안 자고 무언가를 하다 보면 굉장히 배가 고파집니다. 달밤에 체조를 하는 것도 아니고 가만히 컴퓨터 앞에 앉아서 일을 하는데도 무척 배가 고팠던 경험, 다들 한번쯤은 있을 겁니다. 그러면 또 뭐 먹을 게 없나 하고 냉장고를 기웃거리고 야식을 먹게 되죠.

이런 경우가 한두 명에 그치는 것이 아니라, 전 세계 모든 사람들이 밤에 열심히 일을 한다면 어떻게 될까요? 많은 사람들이 밤에도 배고픔을 채워야 할 테고, 그 식량을 생산하려면 결국 지구는 초토화되고 말 겁니다. 인간이 잠을 자야 지구도 쉴 수 있고 에너지를 재충전할 시간을 갖게 되겠죠. 밤에 잠을 자지 않더라도 가만히 있다면 문제가 안 되겠지만, 과연 가만히 있는 사람이 몇이나 되겠습니까.

사자들이 낮에 움직이지 않는 가장 큰 이유는, 낮에 먹이를 잡아먹어서 얻는 에너지보다 활동을 줄여서 보존하는 에너지가 더 클 확률이 높기 때문이라고 합니다. 밤에 사냥을 하기가 더 쉽기도 하고요. 이처럼 이 가설은 에너지를 보존해서 지구의 모든 생명체들이 다 같이 더 오래 잘 살 수 있게 하는 것이 바로 잠을 자는 이유라고 설명합니다.

세 번째는 인지심리학적 가설입니다. 우리 뇌는 밤에 자는 동안 낮에 했던 행동을 다시 한 번 되풀이합니다. 예를 들어 낮에 영어단어를 외웠다면, 밤에 자는 동안 뇌의 특정 부위에 있는 뉴런들이 영어단어를 외우는 것과 비슷한 패턴의 활동을 열심히 합니다. 자는 동안 시냅스와 시냅스 사이의 연결을 강화해서 학습 능률을 높인다는 것이 세 번째 가설의 요지입니다.

이 3가지 가설 중 어느 하나가 맞다고 할 수는 없고, 셋 다 맞을 가능성이 높습니다. 또 그에 못지않게 중요한 사실은, 잠에는 개인차가 많다는 겁니다. 심지어 일부 학자들은 수면 성향 역시 아이큐나 성격, 가족력처럼 어느 정도 타고나는 기질이기 때문에 바꾸지 못한다고 주장합니다. 여기서 짚어봐야 할 사실은, 각자 자신이 몇 시간을 자야 하는 사람인지 알 필요가 있다는 겁니다. 롱 슬리퍼Long Sleeper는 많이 자야 하는 사람이고, 쇼트 슬리퍼Short Sleeper는 적게 자는 사람입니다. 대표적인 롱 슬리퍼로 알려진 아인슈타인은 거의 10시간을 넘게 잤다고 합니다.

그런데 우리나라에서 10시간 정도 잔다고 하면 그냥 곱게 '잔다'고 표현하지 않고 '10시간이나 처잔다'고 무슨 큰 잘 못이나 한 듯 말합니다. 아인슈타인 전기에 10시간 잤다는 얘기는 별로 안 나오지만, 에디슨이 3시간밖에 안 잤다는 얘기는 부모님들 잔소리에서 단골 레퍼토리죠. 나라 전체가 잠을 적게 자고 잠을 죄악시하다 보니, '에디슨은 3시간밖에 안 자고 이렇게 위대한 사람이 됐다'는 말을 불변의 법칙처럼 신봉하죠.

연구 결과들을 살펴보면 롱 슬리퍼들은 창조적인 연결성을 많이 발휘하고, 쇼트 슬리퍼들은 인식 능력이 뛰어나다고 합니다. 롱 슬리퍼들은 잠을 충분히 자기 때문에 기억을 정돈하고 연결하는 능력이 발달합니다. 니콜라 테슬라나 아인슈타인처럼 여러 아이디어를 잘 연결시키는 창조적인 사람들은 롱 슬리퍼일 가능성이 높고, 에디슨이나 스티브 잡스처럼 쇼트 슬리퍼들은 생각을 초점화하는 능력이 발달했다고 보는 견해들이 요즘 많이 등장하고 있습니다.

자신에게 적정한 수면 시간을
아는 것이 중요하다

　이처럼 우리 사회에는 잠을 많이 자면 게으르고 잠을 적게 자면 부지런하고 성공할 가능성이 높다는 일종의 편견이 자리 잡고 있습니다. 그래서 얼마나 잠을 자는 것이 자신에게 가장 적절한가를 아는 사람들이 많지 않습니다. 자신의 잠에 대한 지식이 굉장히 부족하죠.

　사실 중요한 것은 자신의 수면 패턴, 적정 수면 시간을 아는 것입니다. 그래서 잠과 창의적인 생각, 잠과 혁신적인 아이디어를 연결해서 생각할 때, '아침형 인간과 저녁형 인간 중에 어떤 쪽이 더 창의적이다'라는 식의 논리는 바람직하지 않습니다. 최근에는 아침형 인간은 일과가 끝난 저녁 시간에, 저녁형 인간은 할 일을 다 끝낸 아침에 더 창의적이라는 연구 결과도 소개되고 있으니까요.

　일과라는 것은 내가 원래 하는 일에 집중하는 시간을 말합니다. 이 시간이 끝나고 나면 보통 훨씬 더 여유롭게 자기 생각을 정리하고 즐길 수 있죠. 결국 롱 슬리퍼냐 쇼트 슬리퍼냐, 혹은 아침형 인간이냐 저녁형 인간이냐를 구분하는 것은 수면의 개인차를 무시해온 발상이라고 할 수 있습니다. 우리는 지금까지 일찍 자고 일찍 일어나는 게 최선이고, 그렇게 열심히 살아야 한다는 강박에 사로잡혀 살아온 것 같습니다.

이제는 자신이 대충 어느 정도 수면을 취해야 된다는 것을 한번쯤은 돌아봐야 합니다. 많이 자보고 적게 자보고, 언제 얼마나 잤을 때 컨디션이 가장 좋은지를 파악해봐야 합니다. 내가 어느 정도 잠을 잤을 때 수행 능력이 가장 높은가를 알고 있어야, 그 시간보다 지나치게 많이 자거나 적게 자는 습관을 막을 수 있기 때문이죠.

적정 수면 시간을 측정하는 방법은 여러 가지가 있습니다. 그중 가장 쉬운 것은, 학생의 경우는 방학에 직장인들은 주말이나 휴가를 이용해 다양한 방식을 시험해보는 것입니다. 일찍 자보고, 늦게 자보고, 오랜 시간 자보고, 적게 자보면서 그다음 날 얼마나 일을 효율적으로 했는지 혹은 실수를 많이 했는지 측정하는 겁니다. 그날의 컨디션이나 여러 가지 변수가 작용할 수 있으므로, 되도록 여러 날 시험을 해서 통계적으로 높은 패턴을 찾아야 합니다.

유대인은 여러 민족 중에서도 성실한 민족으로 손꼽히죠. 그런데 그런 유대인을 이길 몇 안 되는 민족 가운데 우리 한국 사람들이 있습니다. 제가 아는 심리학자들 중에도 유대인들이 꽤 있는데, 그들이 하는 말이 "한국 사람은 우리 유대인보다 더 성실하고 열심히 사는 것 같다"는 겁니다. 단, 그들과 우리의 차이점이 하나 있다면 유대인들은 자기가 몇 시간을 자야 하는지 아주 잘 알고 있다는 겁니다. 사회적인 기준이 아니라, 각자가 앞서 말한 테스트들을 통해 개인에게 최적화된 수면 시간과 패턴을 파악하고 있다는 것이죠.

잠을 죄악시하는 문화

우리나라처럼 잠을 조금 자는 것이 미덕으로 여겨지는 사회에서는 자신에게 가장 좋은 '최적의 잠' 같은 개념은 거론될 가치조차 없다고 치부됩니다. 내일 내가 최상의 상태로 말하고 행동하기 위해서, 더 나은 결과를 만들어내기 위해서, 내 노력이 더 풍성한 결실을 맺게 하기 위해서 내가 몇 시간을 자야 하는 사람인가를 알아야 하는데, 잠 자체를 많이 안 자는 사회에서 이런 논의를 한다는 것은 어불성설이죠.

우리나라의 한 구인구직 사이트에서 직장인들의 수면실태를 조사했습니다(《시사포커스》, 2020년 1월 9일 자). 10명 중 7명은 수면 부족이었고, 수면 시간은 OECD 회원국 평균(8시간 22분)보다 2시간 16분이 적은 6시간 초반대였습니다.

또 한국청소년정책연구원이 실시한 조사에 따르면 우리나라 청소년들의 평균 수면 시간은 7시간 18분으로, OECD 기준은 물론 미국 수면재단이 권장하는 10대 청소년 수면 시간인 8~10시간에도 훨씬 못 미칩니다(《연합뉴스》, 2020년 8월 30일 자).

이런 통계는 우리가 거의 수면 박탈의 수준으로 적게 자고 있다는 것을 여실히 보여줍니다. 너무 열심히 살다 보니, 무언가를 열심히 하는 않는 '수면' 상태를 문화적으로 죄악시하는 상황까지 온 겁니다. 아마 전 세계에서 '잠'을 소재로 욕하는 나라는 우리나라밖에 없을 겁니다. 한참 이어지는 훈계나 꾸지람 끝에 꼭 '너 지금 잠이 오냐?'라는 말이 붙지 않습니까? 또 무슨 문제가 있으면 항상 '잠을 줄여라'라는 밑도 끝도 없는 해결책을 제시하죠. 잠을 줄이는 것이 만병통치약이 되는 이상한 상황이 아닐 수 없습니다.

잠을 줄여가면서 열심히 살고 노력하는 문화는 우리 사회가 성장할 수 있었던 발전의 원동력이었습니다. 하지만 잠을 죄악시하는 이런 문화는 앞으로 한국 사회가 두 번째 도약, 세 번째 성장을 이룩하는 데 발목을 잡을 수 있는 걸림돌이 될지 모릅니다.

잠은 굉장히 중요한 문제입니다. 실제로 수면 부족은 질병, 약물, 흡연 같은 그 어떤 요인보다 사람의 수명을 단축시키는 데 큰 영향을 미친다는 것이 수많은 연구가 말하는 사실입니다. 어떤 연구에 따르면 매일 1시간씩 덜 자는 것은, 매일 혈중알코올 농도 0.1% 정도의 술을 마시는 것과 마찬가지라고 합니다. 이 정도면 면허 취소 수준이죠. 우스갯소리지만, 이런 상태라면 지금 우리나라 중고등학생들은 가히 만취 상태로 학교를 다니고 있는 것과 다름없지 않을까요. 요사이 코로나19 때문에 등교 시간이 조금 달라지기는 했지만, 아직 해도 안 뜬 시간에 가방을 메고 학교 가는 모습을 보면 딱 술 취한 사람이 비틀비틀 걸어가는 것과 비슷합니다. 그러니 '잠을 줄이는 것'이 능사는 아닙니다. 이것은 개선해야 할 문제입니다.

특히 우리나라 어르신들 "나이 들면 잠이 없어진다"는 말씀들 많이 하시죠. 평생 잠을 죄악시해왔기 때문에 나이 들어서 활동량이 적어지니, 뇌가 알아서 잠을 줄여야 된다고 명령을 내리면서 잠이 줄어든다고 느끼는 겁니다. 재미있는 사실은, 나이 들어서 잠이 안 오고 아침에 일찍 깬다고 하는 분들이 낮에 꾸벅꾸벅 졸고 초저녁부터 쓰러져 계신다는 겁니다.

나이가 들수록 잠이 줄어든다?

개인이 자야 하는 잠의 양은 나이가 든다고 해서 의외로 크게 변하는 것은 아닙니다. 사회 분위기상 잠을 적게 자는 게 미덕이라고 하니, 그런 의식적이고 문화적인 압박 요인이 자꾸 잠을 줄입니다. 그러다 보니 오히려 숙면을 못 하게 만드는 생활 패턴이 굳어졌다고 봐야 할 것입니다.

잠이 줄었다고 느끼는 가장 큰 원인은 일어나는 시각이 빨라졌기 때문입니다. 잠을 얼마나 잤느냐를 체감하는 것은 잠자리에 드는 시간보다 일어나는 시간이 훨씬 중요하게 작용합니다. 잘 생각해보세요. 대부분 일찍 잠들면 일찍 일어나죠. 일찍 잠이 드는 이유는 수면 유도 호르몬인 멜라토닌이 분비되는 시간이 빨라지기 때문입니다.

사람마다 자고 깨는 시각은 다르지만, 하루에 몇 시간을 자는지 측정해보면 사실 그렇게 큰 차이는 없습니다. 일찍 일어나는 사람들은 대부분 낮에 잠깐 자거든요. 낮잠 자는 시간까지 다 합해보면 결국 전체 수면 시간은 거의 비슷합니다. 그런데 일찍 잠이 깬다는 이유로 잠이 자꾸 줄어든다고 생각하는 거죠.

그렇다면 잠이 일찍 깨는 일은 왜 일어날까요? 대부분의 사람들이 잠을 자는 도중 한두 번씩은 다 깨어납니다. 잠이란, '자야지' 하고 생각하는 순간 까무룩 잠이 들고 '깨야지' 하면서 퍼뜩 깨는 게 아니죠. 수면은 여러 단계를 거치는데, 그중 가장 깊은 단계가 논렘수면NREM-sleep입니다. 이때는 꿈도 안 꾸고 푹 잡니다. 논렘수면의 앞 단계가 렘수면인데, 겉으로 자고 있는 것처럼 보이지만 뇌파는 깨어 있는 상태를 말합니다. 렘수면 단계에서는 안구운동이 활발하게 일어나는데 보통 이때 꿈을 많이 꿉니다. 잠이 깊이 들지 않은 상태이기 때문에 잘 깨기도 하죠.

나이가 들수록 뇌의 생체 활동이 저하되면서 외부 자극에 의해 논렘수면 단계가 짧아지고 렘수면 단계가 길어집니다. 작은 자극에도 쉽게 반응해서 빨리 깨기 때문에 그만큼 수면의 질이 낮아질 가능성이 높습니다. 그러다 보니 새벽에 일찍 깨고 부족한 잠을 보충하기 위해 낮잠을 자게 되는 것입니다.

진화적인 관점에서는 이렇게 설명합니다. 사회의 연장자들이 아침에 일찍 잠에서 깨면 젊은 사람들이 자는 동안 사회를 지킬 수 있죠. 그러면 젊은이들과 나이 든 사람들이 교대로 사회를 지킬 수 있기 때문에 이런 수면 습관이 사회를 유지하는 데 도움이 된다는 것입니다.

'얼리버드early bird'에 관한 속담은 우리나라뿐 아니라 전 세계적으로 존재합니다. '일찍 일어나는 새가 먹이를 찾는다' 같은 속담이 거의 모든 문화에 공통적으로 존재하는 이유는 인류가 농경사회를 거쳐 왔기 때문으로 설명할 수 있습니다. 농사를 지으려면 이른 시간에 일어나 부지런히 일을 시작해야 하죠. 그러다 보니 일찍 일어나는 것이 사회적으로도 유익하다고 여겨지게 되었습니다.

사실 생각해보면 인류가 전기를 쓸 수 있게 된 것은 200년도 채 안 된 일입니다. 해가 지면 일을 할 수 없으니, 동틀 무렵부터 해지기 전까지 최대한 일을 빨리, 많이 해야 했겠죠. 이런 이유로 '얼리버드'에 관한 속담이 전 세계에 다양한 형태로 존재한다고 볼 수 있습니다.

일반적으로 아침형 인간이 더 바람직하게 여겨지는 것도 마찬가지 이유일 것입니다. 아침형 인간 중에 저녁형 인간이 되고 싶다고 생각하는 사람은 아마 없을 겁니다. 많은 사람들이 '아침에 일찍 일어나야지' '이제부터는 아침형 인간이 되어야지' 생각하면서 상당히 열심히 노력하죠. 이렇게 아침형 인간이 되려고 노력하는 수많은 이유 가운데 하나는, 우리 사회의 시스템이 아침형 인간에 적합하게 구성돼 있기 때문일 겁니다. 학교도 회사도 아침에 가니까요.

중요한 것은
나의 패턴을 아는 것이다

이와 관련된 연구를 하나 소개하겠습니다. 피실험자들을 아침형 인간인지 저녁형 인간인지 조사한 다음 아이큐 검사를 했습니다. 아침형 인간의 경우 각각 아침과 저녁에 테스트를 실시하고, 저녁형 인간도 마찬가지로 저녁과 아침에 테스트를 했습니다. 그랬더니 아침형 인간은 테스트를 저녁에 했을 때보다 아침에 했을 때 아이큐가 6점 정도 높게 나왔습니다. 저녁형 인간도 저녁에 비슷한 결과를 보였고요. 아이큐 점수로 6점이면 엄청난 차이입니다.

즉 나의 수행 능력이 가장 활발한 때 테스트를 하기만 해도 큰 효과가 있다는 걸 알 수 있습니다. 이런 이유로 많은 저녁형 인간들이 아침형 인간이 되고 싶어 하죠. 대부분의 시험은 아침에 보니까 저녁형 인간은 자기 역량을 100% 발휘하지 못할 수도 있기 때문입니다. 이런 현상을 비유적으로 사회적인 시차 부적응이라고 표현하기도 합니다. 시차 적응이 잘 안 되면 깨어 있어야 할 시간에 졸리고 피곤하고 머리도 아픕니다. 마찬가지로 저녁형 인간은 아침에 학교나 직장에서 공부하고 일을 시작하는 시간인 아침에 졸리고 피곤할 겁니다.

이그노벨상을 소개하면서 한 가지 짚고 넘어가야 할 것이 있습니다. 예를 들어 이 연구의 경우, 여기서 말하는 결론에 따라 '나는 저녁형 인간이니까 어두운 측면이 굉장히 많겠구나' 하고 단순화시켜 생각하는 것은 금물입니다. 요점은 두 변인이 서로 관련이 있다는 것이지, 어느 하나가 다른 하나의 원인이 되어서 부정적인 결과로 나타날 수 있다는 의미는 절대 아닙니다.

이를테면 '아침형 인간에서 우울증 발병 확률이 높게 나타난다'는 연구 결과가 있습니다. 그러면 어떤 분들은 '나는 아침형 인간이니까 우울증이 쉽게 걸리겠네'라고 해석해버립니다. 절대 그렇게 단순하게 생각하면 안 됩니다. 이것은 인과관계와 상관관계를 혼동하는 것이죠. 마찬가지로 저녁형 인간이 창의력이 높다는 연구 결과가 있다고 해서, '나는 창의적인 일을 하고 싶으니까 이제부터 늦게 자야겠다'고 생각하는 것도 연구의 본질을 왜곡하는 것입니다. 중요한 것은 자신만의 최척화된 수면 패턴을 찾아가는 것이란 점을 꼭 기억해야겠습니다.

다시 한 번 말씀드리지만 아침형 인간이 좋냐 저녁형 인간이 좋냐 하는 문제는 우열을 가릴 수 없는 사안입니다. 앤드루 카네기 같은 인물은 '잠은 죄악'이라고 말할 정도였고, 반대로 반 고흐는 '밤이 세상에서 가장 아름다운 시간이다'라고 말했습니다. 그렇다고 카네기는 아침형 인간이고 고흐는 저녁형 인간이라고 딱 잘라 말할 수 있을까요? 앞서 말한 것처럼 이것은 둘 사이에 어떤 상관관계가 있다고 볼 수 있는 것이지, 어느 하나가 원인이고 다른 하나가 결과라고 볼 수는 없습니다. 실제 연구 결과들을 살펴봐도 눈에 띄게 강력한 관련성이 나타나지는 않습니다. 어느 정도 연관성을 보이기는 하지만, 결정적인 요인이라고 말할 수는 없는 수준이죠.

더 중요한 것은 잠을 잘 자는 것입니다. 즉 각 개인마다 자신에게 적정한 수준으로 자야 합니다. 수면의 양과 정신건강은 상당히 밀접한 관련이 있기 때문이죠. 잠이 부족하면 정신적인 문제가 생길 가능성이 높아지고, 나르시시즘에 과도하게 빠지거나 여러 가지 정신질환이 생길 수도 있습니다.

더 쉽게 더 깊이 잠들기 위한 팁

많은 분들이 일기를 쓰죠. 군부대에서는 부대 일지를 씁니다. 마찬가지로 수면 일기도 써야 합니다. 정말 간단하지만 아주 효과적인 방법입니다. 그날그날 잠든 시각과 일어난 시각을 기록합니다. 그리고 다음 날, 오늘 나의 말과 기분과 행동 혹은 시험이나 업무 등 수행 능력에 대해 스스로 피드백을 줍니다. 1~10점까지 점수로 매겨도 되고, A, B, C, D 등으로 표시해도 됩니다.

어떤 날은 내가 생각해도 내 말과 행동이 괜찮아서 기분이 좋은 날이 있고, 어떤 날은 정말 '내가 이 나이 먹을 때까지 이것밖에 안 되는 인간이었나' 싶을 때도 있죠. 그런 기분을 점수로 매기고 그 옆에 내가 전날 몇 시간 잠을 잤는지도 적어보세요. 이 두 가지를 적는 데는 아마 20초도 안 걸릴 겁니다. 이렇게 1년만 데이터를 수집하면 365개의 쌍이 나오겠죠. 그 데이터들을 가만히 살펴보면 내가 몇 시간을 자야 하는 사람이구나 하는 정보가 눈에 보일 겁니다.

만약 4시간을 잤는데 다음 날 일상생활에 전혀 지장이 없는 데이터가 나올 수도 있습니다. 그러면 '나는 쇼트 슬리퍼구나'라고 결론을 내릴 수도 있겠죠. 이것은 약간 극단적인 예이고, 사실 4시간은 수면 시간으로는 턱없이 부족합니다. 당장은 아무 지장이 없다고 느낄 수 있지만, 이렇게 피로가 누적되면 나중에 심혈관계에 문제가 생길 수 있거든요. 그러니 쇼트 슬리퍼들은 기본 수면 시간을 최소 5시간으로 생각하시기 바랍니다. 또 반대로 자신이 8시간을 자도 힘들고, 10시간은 자야 다음 날 정상적인 활동을 할 수 있다는 데이터를 얻었다면 이런 사람은 롱 슬리퍼라고 볼 수 있겠죠. 이런 경우는 잠에 대한 죄의식을 떨쳐버리고 무엇보다 최상의 컨디션을 위해 잠을 잘 수 있는 시간을 최대한 확보해도 괜찮습니다.

몇 시부터 몇 시까지 수면을 취했는지를 적는 것은, 자신이 아침형 인간인지 저녁형 인간인지를 파악하는 데 도움이 됩니다. 자신에게 적절한 수면 유형, 수면 시간을 파악한다면 우리 삶의 1/3을 차지하는 잠을 잘 이용해서, 나머지 2/3의 삶을 훨씬 더 효율적으로 관리해나갈 수 있을 겁니다.

그런데 참 신기한 것은 일이 많아서 굉장히 힘들었던 날 집에 돌아와서 자려고 누우면 잠이 안 옵니다. 이런 경험은 누구나 한번쯤은 있을 거예요. 우리 뇌가 신체에 아주 재미있는 지령들을 많이 내리는데, 오늘 지치고 힘들 정도로 험난한 일이 많았다면 내일 또 그러지 말라는 법은 없죠. 그러니까 몇 시간을 자야 하는지 인식하지 못하는 뇌는, 우리로 하여금 다음 날을 더 확실하게 준비시킵니다. 그래서 다음 날 더 힘들어질 수밖에 없는데도 뇌가 잠을 줄이는 행동을 하게 만드는 것이죠.

최소 1년 동안만 이 습관을 뇌에 새겨서 자신이 몇 시간을 자야 하는 사람인지 파악한다면, 그것은 아마도 인생에서 가장 중요한 숫자 하나가 될 것입니다.

또 한 가지 고려해야 할 사항은 잠을 자는 공간에 관한 문제입니다. 어쩌면 이것은 잠을 언제 몇 시간 자야 하는지 파악하기 전에 더 먼저 생각해야 할 점일지도 모르겠습니다. 잠이 중요하다는 것을 알았으니, 그런 만큼 잠을 아무 데서나 자면 안 된다는 것도 생각해봐야겠죠. 집에서는 일상생활을 하는 공간과 잠자는 공간을 구분해서 잠을 잘 잘 수 있게 만들어줘야 합니다.

공간을 구분해야 한다고 하니 '그렇다면 집이 커야 하나?'라고 생각하는 분들도 계실 텐데 그럴 필요는 없습니다. 방법은 생각보다 단순합니다. 많은 사람들이 침실에 TV를 놓는데, 이런 분들은 당장 침실에서 TV를 치우셔야 합니다. 침실에 TV가 있다는 자체만으로도 수면의 질이 낮다는 걸 명확히 보여주는 신호가 될 수 있습니다. 요즘은 TV보다 사실 스마트폰이 더 큰 문제죠. TV와 스마트폰, 충전기는 거실에 놓으세요.

잠을 잘 시간에 잠이 잘 들게 하는 가장 좋은 방법은 내 몸이 잠잘 준비를 하게 해주는 겁니다. 그러기 위해서는 의식적으로 '나는 잠을 잘 거야. 지금부터 잠을 잘 거야'라고 신호를 보내야 합니다. 되도록 조명을 어둡게 하고, TV나 스마트폰을 아예 눈에 띄지 않는 곳에 둠으로써 몸에 신호를 보내면, 내 몸은 '이제 잘 시간이구나'라면서 잠잘 준비를 하게 됩니다. 이럴 때 더 쉽게, 더 깊이 잠을 잘 수 있겠죠.

수면, 양보다 질

이제까지 살펴본 내용은 한 문장으로 '잠을 잘 자는 것이 중요하다'라고 정리할 수 있겠습니다. 수면의 어려움과 정신적인 어려움은 밀접한 상관관계를 보이기 때문에, 수면과 정신적인 문제는 신경학적으로 연결되어 있다고도 볼 수 있습니다. 스트레스를 많이 받거나 정신적으로 힘든 일이 있을 때 "다 잊고 집에 가서 푹 자"라는 충고를 하죠. 일찍 자고 일찍 일어나는 것도 물론 중요하지만, 잘 자는 것 즉 양질의 수면을 취하는 것이 더 중요하다고 볼 수 있습니다.

양질의 수면을 취하려면 먼저 잠들기까지 걸리는 시간이 짧아야 합니다. 그러기 위해서는 앞서 말했듯이 TV나 스마트폰을 잠자는 공간에서 치우고, 준비반응을 잘 할 수 있게 조명을 낮추는 등 뇌에 잠잘 준비를 하라는 신호를 보내야 합니다. 간단히 말해 '잠에 집중해라'라는 말입니다.

우리는 사실 잠에 잘 집중하지 않습니다. 이런저런 고민들; 낮에 있었던 일들은 꼭 잠들기 전에 떠오르고 그것 때문에 잠을 설치거든요. 어쩌면 그 시간이 사람들에게 둘러싸

여 있다가 나 혼자 있는 시간이고 편안한 시간이기 때문에, 낮에 생각할 시간이 없었던 문제들이 그때 한꺼번에 밀려오는 것일 수도 있습니다. 하지만 잠의 측면에서 보면, 그것은 불필요한 고민입니다. 솔직히 자야 할 시간에 그런 고민을 한다고 해서 문제가 해결되는 것도 아니니까요. 쓸데 있는 고민이건 쓸데없는 고민이건, 그런 잡생각들은 다음 날 아침으로 미뤄둡시다.

우리는 일반적으로 '밤에 일찍 자고 아침에 일찍 일어나는 것이 좋다'고 배워왔습니다. 그런데 이 연구는, 그렇다면 일찍 자고 일찍 일어나는 것이 과연 '왜' 좋은가를 파고들었습니다. 사실 남들이 다 좋다고 하는 것들을 잘 살펴보면 근거나 이유가 정확하지 않은 것들이 많습니다. 이 논문의 의의는 우리가 별 생각 없이 받아들이고 있는 통념을 돌려세워보고, 다시 한 번 생각해보는 계기를 만들어줬다는 데 있는 것 같습니다.

눈썹을 보면
나르시스트인지
알 수 있다?!

여러분은 '관상' 하면 어떤 얘기가 떠오르시나요? '코가 크면 부자가 된다' '하관이 넓으면 말년운이 좋다' 등등 여러 가지 관상풀이들이 있죠.

이번에 소개할 이그노벨상은 바로 '관상'에 관한 연구입니다. 그중에서도 '눈썹' 모양을 보면 얼마나 '자기애'가 강한지 알 수 있다는 것입니다. 이 글을 읽고 바로 거울을 들여다보는 분들이 분명히 있을 텐데요. 여성들은 조금 얘기가 다르겠지만, 아마 남성들은 실제로 거울로 자기 눈썹을 자세히 관찰한 경험이 별로 없을 겁니다. 게다가 아무리 자기 얼굴이어도 거울을 그렇게 오래 보고 있기는 생각보다 쉽지 않습니다. 자기 얼굴을 오래 들여다볼 수 있다는 건 그만큼 자신감이 있다는 증거일 테니까요.

　제가 방송을 시작하면서 난생처음 화장을 해봤습니다. 눈썹을 그리는 건 더더구나 처음이었죠. 요즘은 일반 남성들도 화장을 많이 한다고는 하지만, 저는 처음에 굉장히 어색했습니다. 간지럽기도 하고 화장을 받고 있는 제 모습이 우습기도 했죠. 그런데 화장이 끝난 다음 제 얼굴을 보고 깜짝 놀랐습니다. 전혀 다른 사람이 앉아 있었습니다. 제 얼굴에 화장을 해주신 분들이 하나같이 하는 말씀이 '눈썹이 인상에 굉장히 중요한 역할을 한다'는 것이었습니다. 이처럼 많은 사람이 눈썹의 중요성을 인식하고 있습니다. 그것을 연구로 확대한 것이 바로 이번에 소개할 논문입니다.

눈썹을 보면
자아도취 성향이 보인다

　2020년 9월에 이그노벨상 심리학상을 받은 이 논문의 제목은 '눈썹은 나르시시즘을 보여주는 중요한 지표다Eyebrows cue grandiose narcissism'입니다. 즉 눈썹과 나르시시즘의 관련성을 살펴본 연구죠.

나르시시즘은 흔히 '자기애'로 번역을 하는데, 여기서 말하는 나르시시즘에는 약간 부정적인 의미가 담겨 있습니다. 이 자기애와 많이 헷갈리는 것이 바로 자존감인데요. 자존감은 나 스스로 정신적으로 건강하게 살아가기 위해 꼭 필요한 긍정적인 감정입니다. 자기애가 너무 강해져서 자아도취가 되면 종종 곤란해질 수 있습니다. 앞으로 자세히 설명하겠지만, 자기애가 강한 사람들은 타인에 대한 공감 능력이 떨어지기 때문에 사회생활에 어려움을 겪기도 합니다. 자기를 낮추는 겸손함과는 거리가 멀고 과시하려는 경향이 강하죠.

자, 연구로 돌아가서 연구자들은 일단 얼굴을 전체적으로 봅니다.(a) 39명의 참가자를 대상으로 별다른 표정을 짓지 않은 얼굴을 촬영한 다음, 이 사진을 얼굴 주인과 다른 사람에게 보여주고 자기애적 성향을 평가하게 합니다. 그리고 두 경우의 평가 점수가 얼마나 유사한지 비교해봅니다. 얼굴 전체를 봤을 때는 결과가 유사하게 나옵니다.

두 번째로는 얼굴의 위아래를 뒤바꿔서 보여줍니다.(b) 보통 사람의 얼굴을 볼 때 일반적인 모습에서는 전체적인 인상을 보는데, 위아래를 바꾸면 구성 요소를 보게 됩니다. 즉 눈, 코, 입, 등을 하나하나 개별적으로 본다는 것이죠. 이 실험 역시 사진 주인과 다른 사람이 사진을 보고 각각 자기애적

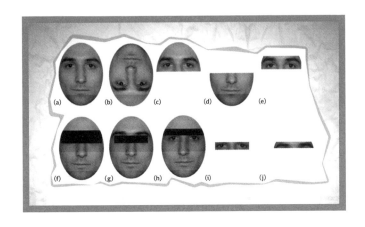

성향을 평가하게 합니다. 이번에도 결과는 유사합니다.

다음에는 코를 기준선으로 얼굴을 위아래로 나눈 뒤, 위만 보여주거나 아래만 보여주거나 각각 반만 보여주고 자기애 성향을 평가하게 했습니다.(c와 d) 그랬더니 위만 보여준 경우는 비교적 정확하게 평가를 했는데, 아랫부분만 보여준 경우는 유의미한 평가 결과를 얻지 못했습니다.

네 번째는 보여주는 부분을 더 좁혀서 눈과 눈썹만 보여주는 사진(e) 눈과 눈썹만 가린 사진(f, g, h)을 제시하고 자기애적 성향을 평가합니다. 그러자 눈과 눈썹을 보여줬을 때는 잘 평가하는데, 눈과 눈썹을 가렸을 때는 참가자들이 평가를 잘 하지 못했습니다.

여기까지 실험한 결과에 따라, 자기애적 성향을 판단할 때 눈과 눈썹이 중요하다는 결론을 내릴 수 있었습니다. 그렇다면 이제 눈이냐 눈썹이냐를 판가름할 차례겠죠. 그랬더니 눈을 가렸을 때는 더 정확하게 평가하고, 눈썹을 가리면 정확도가 떨어지는 결과를 보였습니다.

지금은 실험 결과가 도출된 상황에서 이야기를 하기 때문에 이 실험이 쉬워 보이지만, 처음에 연구자들이 굉장히 고생을 했다는 후일담이 있습니다. 초반에는 어느 한 군데를 딱 집어서 보여줬더니 참가자들이 자기애적 성향을 평가하는 데 어려움을 겪었다고 합니다. 그래서 순차적으로 하나씩 경우의 수를 지워가며, 마침내 자기애적 성향을 평가할 때는 '눈썹이 중요하다'라고 부위를 특정할 수 있었던 것이죠. 어떻게 보면 보통 얼굴 자체의 인상에서 눈이 가장 중요하다는 상식을 깬 결과입니다.

앞서 얼굴을 똑바로 놓은 사진과 거꾸로 놓은 얼굴 사진을 비교해보았는데, 전문용어로는 이를 '얼굴 역전 효과Face Inversion Effect'라고 합니다. 얼굴 역전 효과는 얼굴 재인(인식) 과정에서 나타나는 독특한 현상입니다. 일반적으로 물체(주전자, 물컵 등등)는 위아래를 뒤집어서 제시해도 재인하는 데 어려움이 없으나, 얼굴은 뒤집어서 제시하면 얼굴을 재인하는 데 상당한 어려움을 보입니다.

다음 사진은 전 영국 총리 마거릿 대처의 초상 사진입니

다. 왼쪽은 보통 사진이고, 오른쪽은 반전 효과를 적용한 사진입니다. 어떻습니까? 오른쪽 사진을 뒤집어 보면 보통 사진과 다른 정도를 넘어서 누군지 알아볼 수 없을 만큼 기이해 보일 겁니다. 이런 현상을 가장 설득력 있게 설명하는 것은 '구성 정보 가설configural information hypothesis'입니다. 우리는 얼굴을 볼 때 전체 형태를 보고 그다음 세부 형태를 보는데, 얼굴이 역전되면 전체 형태가 아니라 구성 요소를 먼저 보기 때문에 정보를 처리하기가 어렵고 시간이 지체된다는 겁니다.

즉 이 연구에서는 역전현상이 나타나느냐 그렇지 않느냐를 먼저 살펴보고 얼굴형은 관계가 없다는 결론을 내린 겁니다. 이렇게 얼굴형이라는 요소를 배제하고, 그다음에 얼굴을 부분별로 나누어가면서 각 요소들을 배제한 끝에 결국 눈썹이 가장 큰 영향을 미치는 요소란 것을 찾아낼 수 있었습니다.

그렇다면 과연 어떤 눈썹 모양이 자기애 성향이 강하다는 것일까요? 전문가들의 소견을 참조한 결과, 눈썹과 눈썹 사이가 좁을수록, 눈썹이 진하고 두껍고 숱이 많을수록 자기애 성향이 강하다고 합니다.

연구자들은 여기서 그치지 않고, 이번에는 보통 사람의 얼굴에다 눈썹만 바꿔서 평가해보았습니다. 자기애적 성향이 강한 눈썹 모양이나, 그렇지 않은 눈썹 모양으로 바꾸고 제3자에게 평가하게 한 것이죠. 예상할 수 있는 것처럼 자기애적 성향이 강한 모양 눈썹을 붙인 경우는 자기애적 성향이 강해 보인다는 평가가 나왔고, 그렇지 않은 모양에서는 자기애적 성향이 낮아 보인다는 평가가 나왔습니다.

'자기애'란 무엇인가

그런데 독특하게도 한국 사람의 자기애는 범위가 굉장히

넓습니다. 우리는 관계를 중시하는 측면이 강하고, 우리가 생각하는 '자기'의 범위에는 '나'만이 아니라 내 가족까지 포함되죠. 그래서 남들에게 '우리 애가 어디어디를 다닌다, 우리 아버지가 어떤 사람이다'라고 얘기하면서 마치 자기가 그런 것인 양 만족감을 느낍니다. 가족을 자기와 동일시하는 동시에 '자기'의 확장된 존재로 보는 것이죠.

과거 개그 프로그램이나 만화 등에서 재미를 위해 가족 구성원 모두를 똑같이 숯검댕이 눈썹, 일자 눈썹으로 그리는 경우가 종종 있었어요. 얼굴 요소 중에 다른 것은 그대로 두고 눈썹만 똑같이 그린다는 것은, 눈썹을 통해 확장된 자기애를 표현한 것이라고 추론해볼 수 있습니다.

여기서 잠깐 '자기애'라는 말을 짚고 넘어가겠습니다. 앞서 나르시시즘을 우리말로 흔히 '자기애'로 표현한다고 했는데요. 언어심리학적 측면에서 그렇게 적절한 번역은 아니라고 봅니다. 일상생활에서 '자기애'라는 말을 쓸 때를 가만히 생각해보면 대개 부정적인 의미를 담고 있는 경우가 많기 때문입니다. 우리는 '그럼 내가 나를 사랑하면 안 되는 건가?' 하는 생각을 무의식중에 하죠. 하지만 자기를 사랑하는 것은 문제가 아닙니다. 자기'만' 사랑하는 것이 문제죠. 따라서 자기애는 자기를 사랑하는 건강한 감정이고, 자기만 사랑하는 다소 과도한 감정은 '자아도취'라고 번역하는 것이 더 적절합니다.

자기애를 좀 더 자세히 구분하면, 내현적 자기애와 외현적 자기애로 나눌 수 있습니다. 이 논문은 바로 외향적으로 드러나는 '외현적' 자기애에 초점을 맞추고 있습니다. 겉으로 무언가를 보여주고자 하는 이 자기애는 때에 따라 굉장히 공격적인 성향을 보이기도 합니다. 이런 사람들은 자기주장이 강하고 과시욕이 높습니다.

반면 겉으로 잘 드러나지 않는 자기애적 성향도 있습니다. 이것을 내현적 자기애라고 합니다. 이런 사람들도 자기 자신을 사랑하는 것은 분명하나, 남한테 상처받는 것을 극도로 불안해하고 두려워합니다. 그래서 되레 사회적인 상황을 피하는 경향도 보입니다.

앞서도 잠깐 언급했지만, 자기애, 자존감, 자아도취 이런 말들은 많은 사람들이 혼동하고 사실 정확히 구분하기도 애매한 개념입니다. 그래서 각 개념들의 차이를 살펴보면 조금 쉽게 이해할 수 있습니다. 먼저 자기애와 자존감, 자아도취는 공감 능력의 유무로 판가름할 수 있습니다. 자아도취 성향이 강한 사람들은 타인에 대한 공감 능력은 부족하고 대신 이기심이 많습니다.

진화론으로 본 눈썹

다시 눈썹 이야기로 돌아가봅시다. 이 논문에서 연구자들은 기본적으로 진화적인 배경을 가정하고 있습니다. 어떤 신체기관들은 겉보기에 서로 전혀 관련이 없어 보이지만, 내적으로는 밀접하게 연관되어 있는 경우가 있습니다. 이를테면 눈썹은 성적인 능력과 상관관계가 있다고 합니다.

현대사회에서 사람들은 셀 수 없이 많은 정보를 서로 주고받습니다. 20만 년 전에는 어느 대학을 나왔는지, 집의 평수가 얼마인지 물어보는 일은 없었겠죠. 10만 년 전에 인간과 인간과의 만남은 사실상 동물과 동물의 만남과 크게 다르지 않았을 겁니다. 그나마 꽤 머리가 좋은 동물들끼리 만난 것이라고나 할까요.

즉 상대방의 신체적인 특징 외에는 배경적인 정보, 주변적인 정보가 별로 없었습니다. 인류는 오랜 시간을 거쳐 짙은 눈썹과 생식능력이 관계가 있다는 사실을 경험적으로 알게 됩니다. 또한 사회적으로 그런 믿음이 굳어져 지금까지도 남아 있는 경우가 있습니다. 문명이 발달했어도 우리의 무의식 속에는 그런 믿음이 있는 것이죠.

따라서 무의식적으로 숯검댕이 같은 짙은 눈썹을 보면 아직도 10만 년 전, 20만 년 전 인류가 그랬던 것처럼 '매력 있다' '괜찮다' 하는 생각을 가지게 된다는 것이 진화심리학의 추정입니다. '추정'이라고 표현한 것은 완전히 그렇다고는 말할 수 없지만, 어느 정도의 개연성은 확보하고 있다는 의미입니다.

짙은 눈썹이 성적 매력이 있다는 평가가 지배적이 되면, 이런 외모를 가진 사람들은 콧대가 높아질 겁니다. '눈썹 하나에 나한테 호감을 보이네?' '내가 잘났구나' '나 괜찮아 보이나봐' 이런 생각을 계속 하게 되죠. 이런 내용을 다루는 연구들의 저변에는 이런 생각들이 계속 누적되면서 나르시시즘으로 발전하는 게 아닌가 하는 전제가 깔려 있습니다.

우리나라에도 이런 연구와 맥을 같이하는 웃지 못할 사례가 있습니다. 어르신들에게 우리나라 최고의 카사노바가 누구였는지 물으면, 하나같이 1950년대를 주름잡던 '박인수'라고 입을 모으십니다. 이 박인수라는 인물은 1년 동안 무려 70명이 넘는 여성들 유혹해 간음을 저지릅니다. 도대체 어떤 인물이길래 한국전쟁이 끝난 지 몇 년 되지도 않은 혼란한 시기에 이런 남사스러운 일을 벌였을까요? 당시는 굉장히 보수적인 사회였을 텐데, 그런 분위기에서 어떻게 이런 일이 가능했을까요?

많은 분들이 궁금함을 느끼실 겁니다. 당시에도 그랬습니다. 그런데 박인수의 사진을 보여주는 순간, 사람들이 다

'와, 눈썹 봐라'라고 말할 정도로 그는 눈썹이 굉장히 짙었습니다. 이 문제를 연구하는 학자가 아니더라도, 저런 과감한 행동을 벌인 것은 다 저 눈썹 때문이 아닌가 하고 추측할 정도였습니다. 반대로 과거 남성성을 제거한 환관들 자료를 보면 눈썹이 없습니다. 이는 생물학적으로도 연관성이 있습니다.

이것이 인간만의 문제일까요? 이런 현상은 다른 동물들도 마찬가지입니다. 필요한 기관은 살아남고 필요 없는 기관은 퇴화되는 것이죠. 《종의 기원》을 쓴 찰스 다윈이 굉장히 혐오한 동물이 바로 그 증거입니다. 심지어 그 동물을 볼 때마다 구토가 날 정도라고 했는데요. 바로 공작새입니다. 특히 공작새의 날개 때문이었죠.

공작새의 날개는 나는 데는 전혀 쓸모가 없지만, 굉장히 화려합니다. 정확히는 날개가 아니라 꽁지깃이라고 하는데, 여기에 마치 눈目처럼 생긴 점이 있죠. 다윈은 이 꽁지깃이 생존에 아무런 도움이 되지 않는데 왜 지금까지 남아 있는지 도저히 의문을 풀 수 없어서, 꽁지깃을 볼 때마다 구토가 난다고 했습니다.

그런데 나중에 이 꽁지깃의 비밀이 밝혀집니다. 바로 성적 선택에 유용하다는 것이었죠. 연구자들이 수컷의 꽁지깃을 잘랐더니 암컷들이 쳐다도 보지 않았는데, 다시 붙였더니 관심을 보였습니다. 즉 꽁지깃이 아름답고 화려할수록 암컷의 선택을 받을 확률이 높아 번식에 유리했습니다.

이처럼 어떤 사실이 아무 근거 없는 편견이나 잘못된 상식인 경우도 있지만, 오랜 시간 사회에서 같은 현상이 반복되어 일어났을 때 그것을 과학적으로 연구해보면 의외로 맞는 경우들이 종종 있습니다. 예를 들어 사람들이 가족 관계에서 고모보다는 이모를 더 친근하게 느끼는 경우가 많은데, 그 이유가 이모는 엄마와 많이 닮았기 때문이라고들 합니다. 그래서 연구를 해봤더니 유전자의 중첩도가 이모 쪽이 더 높다는 결과가 나왔습니다. 생물학적으로 보면 고모보다 이모가 나와 더 가까운 친척인 것이죠. 대부분의 사람들이 고모보다 이모를 더 친근하게 느끼는 데는 다 이유가 있었던 것입니다.

따라서 이 눈썹에 관한 연구도, 언뜻 엉뚱해 보이고 상관관계가 없어 보일 수 있지만 꽤 오래전부터 우리 인간이 쌓아온 상당히 근거 있는 반론일 수 있습니다. 결국 이 연구는 우리가 흔히 갖고 있는 착각이나 오해를 풀어주는 역할을 한다고도 볼 수 있습니다. 우리는 대개 얼굴에서 눈이 가장 중요하다고 얘기합니다. 사람을 판단할 때 눈을 보면 알 수 있다고도 하죠. 그런데 이 연구는 그게 아닐 수 있다, 눈보다 더 중요한 부분이 있을 수 있다는 걸 보여줍니다.

눈를 보는 동양인 vs.
입을 보는 서양인

동서양의 차이가 있기는 하지만, 눈이 그 사람의 표정을 평가할 때 핵심적인 역할을 하지 않는다는 연구 결과도 있습니다. 2013년에 발표된 이 연구는 사람들의 일반적인 표정을 찍은 다음 그것을 위아래로 나누고 섞어서 평가하는 방식으로 이루어졌습니다. 즉 기쁜 표정, 슬픈 표정, 혐오감을 느끼는 표정, 놀란 표정 등을 찍은 뒤 이 사진을 눈을 위주로 윗부분을 자르고, 입을 위주로 아랫부분을 잘랐습니다. 그러고 나서 이 부분들을 다양한 방식으로 조합해서 새로운 얼굴을 만든 뒤 표정이 어떤지 사람들에게 평가하게 했습니다.

실험 결과, 입 표정이 판단에 가장 큰 영향을 미쳤습니다. 예를 들어 슬픈 눈에 웃는 입을 붙인 사진을 보고 사람들은 기쁜 얼굴이라고 판단했어요. 즉 눈은 생각보다 큰 영향을 주지 않는다는 걸 알 수 있습니다.

그런데 이런 판단은 동서양의 차이가 있습니다. 방금 언급한 실험은 서양에서 강하게 나타나는 반응이고, 동양은 눈을 좀 더 중요시합니다. 즉 서양인들은 웃는 얼굴인지 화난 얼굴인지 정서를 판단할 때 입에 의존하는 경향이 큰데, 우리나라 사람들은 눈을 보고 판단하는 경우가 상당히 많다

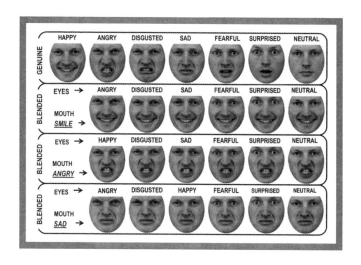

고 합니다.

우리가 자주 쓰는 말 중에 "내 눈을 똑바로 봐. 네 눈에 다 쓰여 있어" 이런 말이 있죠. 이 말 속에는 상대방의 눈을 읽으면 지금 그 사람의 감정을 알 수 있다는 뜻이 담겨 있습니다. 아무래도 우리는 하고 싶은 말을 참고 삼키는 경향이 많기 때문에 말보다는 눈빛에 의미를 더 둔다고 볼 수 있죠. 반대로 서양인들은 자기가 하고 싶은 말을 솔직하게 하는 편이기 때문에 눈보다는 입에 주목합니다.

우리나라 사람들은 약속을 할 때 "내 눈을 똑바로 보고 얘기해"라고 합니다. 눈이 신뢰의 신호를 전달한다고 보는 것이죠. 그런데 영어로 '약속한다'는 'Give my word'입니다.

입에서 나오는 '말'에 초점을 두었다는 것을 알 수 있습니다.

이와 관련해서 또 한 가지 재미있는 것은 '이모티콘'과 관련된 것입니다. 우리는 웃는 표정을 지을 때 갈매기 두 개로 '^^' 이렇게 표시하죠. 눈만 딱 표현하는 겁니다. 그런데 서양인들은 점을 2개 찍고 스마일 표시로 ':)' 이렇게 하죠. 입을 보여주는 겁니다. 이 밖에도 우리가 쓰는 이모티콘에는 입이 잘 없습니다. 눈만 강조되는 형태의 이모티콘들이 상당히 많죠. 반면 서양의 이모티콘은 입을 상당히 강조합니다.

또 어린이들에게 인기 많은 캐릭터 중에 헬로키티가 있습니다. 귀엽고 예쁘죠. 그런데 잘 보면 헬로키티도 입이 없습니다. 일본에서 출시한 캐릭터인데, 서양인들은 조금 이상하게 볼 겁니다. 라이언 인형에 눈이 없다고 생각해보세요. 얼마나 이상하게 느껴질까요? 사실 라이언은 코 아랫부분에 입이 숨겨져 있는 듯한 모양이어서 입이 없어도 어색해 보이지 않죠.

이처럼 문화마다 눈을 중시하거나 입을 중시하는 등의 차이가 분명히 존재한다고 할 수 있습니다. 여기서 한 가지 의문이 생깁니다. 우리는 눈을 많이 보니까 우리가 나르시시즘을 더 잘 구별할 수 있지 않을까요? 어쨌든 입을 많이 보는 서양인보다 우리는 눈이나 눈썹을 더 많이 보니까요.

마찬가지 이유에서 마스크에 대한 우리와 서양의 온도차

도 생각해볼 수 있을 것 같습니다. 우리는 마스크를 쓰고 대화를 해도 사실 눈을 많이 보기 때문에 의사소통을 할 때 크게 문제가 있다고 생각하지 않습니다. 그런데 뉴스 등에서 보면 서양인들은 마스크를 거부하는 시위를 벌이거나, 마스크에 대해 우리가 이해하기 힘들 만큼 과도하게 거부반응을 보이죠. 여기에는 무의식적으로 입을 가리는 것이 소통에 굉장한 장애가 된다는 생각이 들어 있는 것이 아닌가 합니다.

동서양의 문화적 차이를 보여주는 또 다른 실험을 하나 소개하겠습니다. 이것은 90년대 문화 차이를 보여준 대표적 사례 중 하나입니다.* 가운데에 나무로 만든 원통이 하나 있고, 그 왼쪽에는 플라스틱 원통(A)이, 오른쪽에는 나무로 된 사각기둥(B)이 있습니다. 그렇다면 가운데 있는 나무 원통은 A와 비슷해 보일까요, B와 비슷해 보일까요?

이때 답은 동양과 서양이 극명하게 갈립니다. 대부분의 서양인들은 A가 나무 원통과 비슷해 보인다고 답했고, 동양인들은 B가 더 비슷해 보인다고 답했다고 합니다. 서양인들은 물체의 모양이나 역할, 기능이 같다고 본 것이고, 동양인들은

---

* Imai, M., & Gentner, D. (1997). A crosslinguistic study of early word meaning: Universal ontology and linguistic influence. *Cognition*, 62, 169–200.

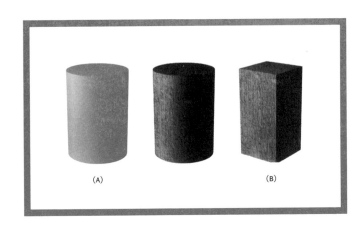

(A)   (B)

나무라는 동일한 재질을 기준으로 본 것입니다. 역할은 다르지만 재질이 같다는 것, 즉 어디에서 유래했는지 그 출신이 비슷한 데 주목합니다. 재질이란 것은 지금 보고 있는 물체 혹은 현상이 어디에서 출발했는지 그 원인을 생각하는 것이기 때문에, 근원을 중시하는 경향이 있습니다.

이를 눈을 보는 동양인과 입을 보는 서양인과 비교해서 생각해봅시다. 입은 말이 나오는 직접적인 기관이지만, 눈은 입으로 말한 것 이상을 표현하기도 하죠. 따라서 입을 본다는 건 직접적인 사실에 주목한다는 것이고, 눈을 본다는 건 그런 말을 하게 된 좀 더 깊은 원인과 주변적인 근원에도 주목한다는 뜻입니다.

앞서 원통 실험에서 동서양의 차이가 관찰된다고 했는데,

같은 문화권 내에서도 연령별로 차이를 보입니다. 젊은 층은 A를, 기성세대는 B를 고르는 성향이 나타납니다.

나르시시스트의 특징

2011년에 나르시시즘과 관련된 문화 차이를 살펴본 연구가 있습니다. 미국과 한국의 잡지를 비교해본 것인데요. 미국의 잡지들은 등장인물, 배경이나 구조, 대상들의 독특하거나 특이한 점을 강조하는 방식으로 구성되어 있습니다. 반면 우리나라 잡지는 중심 대상이 주변의 요소들과 얼마나 조화를 이루고 있는지를 강조했습니다.

미국은 개인주의 문화의 대표적인 나라죠. 이런 문화권에서는 자기에게 집중하기 때문에, 개인적인 요소들을 더 강조합니다. 상대적으로 우리나라는, 요즘은 개인주의 문화가 많이 확산됐지만 그래도 미국보다는 비교적 덜한 편이기 때문에 나르시시즘이 발현되기 쉽지 않은 문화권이라고 할 수 있습니다. 실제로 개인주의와 나르시시즘은 높은 상관성을 보입니다.

어쨌든 개인주의, 집단주의, 관계주의 등을 다 떠나서 공통적으로 나르시시스트가 보이는 특징이 있습니다. 즉 나르시시스트를 판별할 수 있는 방법이랄 수 있겠죠. 이들은 남들이 긍정적인 평가를 해도 유독 민감하게 반응합니다.

　나르시시즘의 핵심은 '내가 뛰어나다'는 게 아니라 '나만 뛰어나다'는 것입니다. 예를 들어 상대방이 "어이, 김교수! 이번 논문 괜찮던데"라고 칭찬하면 뭔가 부족하고 모자란다고 느낍니다. 그런데 "어이, 김교수! 이번 논문은 우리 학교 교수들 중에 1등이야"라고 칭찬하면 이때는 '당신이 제일 잘났다'고 하는 거니까 긍정적으로 반응하죠. 이들은 등수나 비율 등 숫자화된 정보로 자신이 최상위에 있고 누군가를 밀어냈다는 칭찬에 민감합니다.

　그러나 보통 사람들은 남이 나를 인정해준다는 사실 그 자체에 더 만족하죠. 나르시시즘에 과몰입한 사람들은 상대방이 내 성과를 진심으로 칭찬해도 만족하지 못합니다. 지금 그 자리에 있는 자기 자신이 아니라, 타인과의 비교 속에서 더 우위에 있는 자신이 중요한 것이죠.

　나르시시스트의 특징적 행동 중에 하나는 윗사람한테 잘한다는 겁니다. 이런 사람들에게 잘 보여야 성공과 출세의 가능성이 높아지니까요. 반면 음식점의 종업원이나 직장의 후배처럼 나와 직접적인 관련이 없거나, 나보다 지위가 낮은 사람들에게는 함부로 대합니다.

이런 성향은 말투처럼 무의식적인 부분에서 고스란히 드러납니다. 예를 들어 팀 과제는 모두가 다 같이 하는 것이기 때문에 마무리하면서 '다들 수고했어' 이런 말들을 주고받죠. 하지만 나르시시즘 성향이 강한 사람들은 그런 말을 별로 안 좋아합니다. 다른 사람을 개별적으로 칭찬해주는 것을 마뜩치 않아 합니다. 다 내가 잘해서 그렇고, 다 내 덕이라고 생각하는 거죠.

나르시시스트는 성장과정에서 주변의 어른들이 아이를 대하는 태도를 통해 만들어지기도 합니다. 과도하거나 그릇된 방법으로 칭찬을 받아온 아이들, 완벽주의를 강요받으며 자란 아이들은 나르시시스트가 될 확률이 높습니다. 완벽주의란 조금의 실수도 용납하지 않는 성향을 말합니다. 조금의 실수도 없는 사람은 1등밖에 없죠.

그래서 이들은 자기가 틀릴 수도 있다는 것을 잘 받아들이지 못합니다. 이 책의 앞부분에서 예시로 든 오펜하이머의 난독증 환자 연구에 나온 문제를 기억하시나요?(21쪽 참조) '야구공과 방망이가 합쳐서 1달러 10센트인데 방망이가 공보다 1달러 더 비싸다면 야구공의 가격은 얼마인가?'라는 문제였습니다. 대부분의 사람들은 왜 야구공 가격이 10센트가 아니고 5센트인지 설명을 들으면 대체로 수긍을 합니다. 하지만 나르시시스트들은 설명을 듣고도 그럴 리가 없다고,

문제에 트릭이 있는 것이라고 막무가내로 우기면서 자기가 틀렸다는 것을 인정하지 않습니다.

이처럼 과도한 칭찬과 완벽주의에 대한 강요 속에서 자기가 틀릴 수도 있다는 것을 인정하지 못하는 나르시시스트는, 세상에는 1등만 살아남는다는 생각에 빠져 있기 때문에 타인을 밟고 올라서야 하는 존재로 보고 공존하는 법을 모릅니다.

자녀가 성장하는 과정에서 이런 사고방식을 갖지 않게 하려면 부모의 역할이 중요합니다. 우리 부모들은 내 자식이 어디 가서 기죽지 않기를 바라는 마음에 '너는 최고야, 잘났어'라고 무조건적으로 칭찬하는 경우가 많습니다. 이런 무분별한 칭찬이 자녀를 나르시시스트로 만들 수 있습니다.

아이들이 자신을 사랑하고 자신에 대해 건강한 자존감을 가지려면 본인이 무언가를 이루려고 노력하는 과정에서 그런 감정들을 자연스럽게 얻어야 합니다. 즉 자존감이나 건강한 자기애는 그 과정의 결과물이어야 합니다. 그런데 우리 부모들은 그것을 먼저 심어주려고 애씁니다. 앞서 언급한 바 있는 로이 바우마이스터 교수는, 이런 착각 때문에 1970년대의 부모들이 잘못된 칭찬으로 아이들을 나르시시스트로 키우는 결과를 낳았다는 이야기를 했습니다.

요즘 우리나라는 외아들, 외동딸처럼 자녀가 하나인 경우가 많아졌습니다. 형제 없이 혼자 자라다 보니, 누나나 형, 언니나 오빠에게 지는 경험을 할 기회가 별로 없습니다. 아빠, 엄마는 물론 할머니, 할아버지는 항상 져주기만 하죠. 늘 이기기만 하다 보면 좌절을 경험할 일이 없어서, 자신이 뭔가를 해내지 못할 수도 있다는 것을 받아들이기 힘들어합니다.

실수를 용납하지 않고 실수를 극복하는 훈련을 받지 못하면, 성공을 하더라도 나르시시스트가 될 가능성이 상당히 큽니다. 학창 시절 1등을 놓친 적 없고 시험에 떨어져본 경험 없이 사회 고위층에 오른 사람들이 가끔 한 방에 나락으로 떨어지는 일들을 봅니다. 그 이유는 아마도 나르시시즘 때문이 아닐까 추측할 수 있습니다.

최고의 농구선수였던 마이클 조던도 처음부터 농구를 잘했던 건 아니라고 합니다. 어릴 적에 형한테 늘 지기만 해서 이를 악물고 연습을 한 것이 실력이 된 것이죠. 이처럼 실패도 해보고 좌절도 겪어보고 자존감이 떨어지는 경험도 해봐야 극복하는 방법을 배울 수 있습니다. 아이들에게는 저도 괜찮다는 이야기를 많이 해주고, 그 경험을 통해 다시 일어서는 법을 가르치는 게 더 현명한 방법이 아닐까 합니다.

나르시시즘 성향 테스트

인터넷에 '나르시시즘 테스트'라고 치면 여러 가지 테스트가 나옵니다. 표준 테스트는 '자기애 성향 척도Narcissistic Personality Inventory'*로 모두 37문항으로 구성되어 있습니다. '그런 편이다, 보통이다, 아닌 편이다'로 답하면 됩니다.

---

1. 나는 내가 좋은 리더라고 생각한다.

2. 나는 나 자신의 외모를 살펴보기를 좋아한다.

3. 사람들은 모두가 나에 관한 이야기를 듣는 것을 좋아한다.

4. 나는 다른 사람들이 나에게 많은 것을 해주기를 바란다.

5. 나는 리더가 되기를 원한다.

6. 나는 거울을 자주 들여다본다.

7. 나는 대체로 다른 사람과 대화할 때, 그 대화를 이끌어나간다.

8. 나는 남보다 우월한 능력을 타고났다고 본다.

9. 나는 남들이 나에게 많은 관심을 보였으면 한다.

10. 나는 내가 비범한 사람이라고 생각한다.

---

* Emmons, R. A. (1987). Narcissism: Theory and measurement. *Journal of Personality and Social Psychology, 52*, 11–17.
  김윤주 (1991). 〈자기애적 성격과 자기복합성의 관련성에 대한 연구〉, 고려대학교 석사학위논문.

11. 나는 리더로 타고난 능력이 있다.

12. 나는 남들이 잘되는 것을 보면 속상하다.

13. 나는 남들을 이끌 수 있는 힘을 갖고 싶다.

14. 나는 내 자신의 능력을 과시하고 싶다.

15. 나는 남의 생각을 쉽게 파악할 수 있다.

16. 나는 남들로부터 내가 해낸 일만큼의 존경을 당연히 받아야 한다.

17. 나는 남에게 내 자신의 성격이 강하다고 말하곤 한다.

18. 나는 고상하고 품위 있는 멋을 선호한다.

19. 나는 기회가 있을 때마다, 나 자신의 외모나 능력을 과시해보고 싶다.

20. 내가 가치 있게 여기는 일을 모두 해내지 못하면 결코 만족할 수 없다.

21. 나는 남들에게 내 영향력을 미치는 데 타고난 소질이 있다.

22. 나는 내 자신이 특별한 능력을 지닌 사람이라고 생각한다.

23. 다른 사람들은 나를 만나게 됨으로써 그들이 몰랐던 새로운 사실들을

   많이 알 수 있다.

24. 나는 매우 권력 지향적이다.

25. 나는 남들의 관심의 초점이 되고 싶다.

26. 나는 칭찬을 받는 것을 좋아한다.

27. 나는 내가 무엇을 하고 있는지에 대해 항상 잘 알고 있다.

28. 여러 사람들과 함께 있을 때 그들이 내 입장을 인정해주지 않으면 화가

   난다.

29. 나는 자주 나의 주장을 관철시키려 한다.

30. 나는 장차 훌륭한 사람이 될 것이다.

31. 나는 어느 상황에서도 내 방식대로 주장할 수 있다.

32. 나는 다른 사람들을 내 뜻에 따르게 할 수 있다.

33. 다른 사람들이 내 권위를 항상 인정해주는 것 같다.

34. 내가 좋은 사람이라고 생각하는 것은 남들이 자주 그렇게 말하기 때문이다.

35. 나는 굳은 결의와 용기를 가지고 어떤 일이든지 해낼 수 있을 것이다.

36. 나는 다른 사람들보다 더 많은 능력을 갖고 있다.

37. 나는 어떤 사실이라도 남들로 하여금 믿게 만들 수 있다.

이 중 24개 이상에 '그런 편이다'라고 답했을 경우 '나르시시즘 성향이 있다', 28~30개까지는 '상당히 있다', 31~37개는 '매우 높다'고 할 수 있습니다. 특히 3, 19, 23, 28, 29, 37번 문항은 강한 나르시시즘 성향을 판가름할 수 있는 예들입니다. 이런 문항들을 보면 모든 사람이 나르시시즘 성향이 전혀 없다고 할 수 없고 그렇다고 완전한 나르시시스트라고 할 수도 없는 지점이 분명히 있습니다. 중요한 것은 이처럼 누구나 보편적으로 나르시시즘 성향을 보일 수 있는 그 지점에서 더 앞으로 나가면 안 된다는 것입니다. 여기서 더 나아가 과도한 자기애를 갖게 되면 반사회적 인격장애로 연결될 수도 있습니다.

칭찬받는 것을 좋아하고 훌륭한 사람이 될 거라고 확신하는 마음은 건강한 자기애라고 할 수 있죠. 이 문항들에 전부 '아니다'라고 답한다면 자기애가 전혀 없는 경우로, 이 역시 정신적으로 건강한 상태는 아니라고 할 수 있습니다.

그런데 나르시시즘과 별로 상관없어 보이는 것들이 의외로 서로 연결되어 있는 경우가 많습니다. 즉 우리의 신체 일부와 생각 사이에 보이지 않는 연관 관계들이 꽤 있습니다. 예를 들면 검지와 약지의 길이와 성격의 연관성 연구는 많은 데이터들을 바탕으로 상당한 개연성이 입증되고 있습니다.

또한 심리학에서는 성격을 추정하거나 파악하는 연구가 많이 진행되고 있습니다. 사람들은 자기 성격이나 남의 성격에 굉장히 관심이 많죠. 최근에 스마트폰 사용 정도와 성격의 연관성을 알아본 연구가 나왔습니다. 여기서는 인간의 성격을 5가지 특징으로 분석하는 '빅파이브'라는 유명한 성격 측정 도구를 이용합니다. 5가지 특징은 개방성openness, 성실성conscientiousness, 외향성extraversion, 호감성agreeableness, 신경증적 기질neuroticism입니다.

이 중 개방성, 성실성, 외향성이 스마트폰 사용과 관련이 있다고 합니다. 예를 들어 스마트폰으로 사진을 많이 찍거나 문자 길이가 긴 사람, 스마트폰의 노트 기능을 많이 사용하는 사람은 개방성이 높다고 말합니다. 또한 내일 날씨를 미리

스마트폰 앱으로 확인하는 사람들은 성실성이 높다고 하고요. 마지막으로 외향성은 하루 동안 전화벨이 얼마나 울렸는지, 낮에 전화를 몇 번 걸었는지 그 회수가 높을수록 외향성이 높다고 봅니다.

이타적인 성향을 기르는 법

자기애적 성격이 지나치다는 것은 이타심이 적은 것과 같은 맥락으로 볼 수 있습니다. 이타심이 적은 사람은 경쟁력이 낮아집니다. 이기적인 사람은 사회에서 소외될 수밖에 없으니까요. 인지심리학자뿐 아니라 많은 학자들이 꼽는 21세기에 가장 중요한 역량이 바로 이타성과 공존 능력입니다. 따라서 자기애적 성향이 너무 과해지지 않도록 조심해야 합니다.

그렇다면 어떻게 하면 건강한 자기애, 이타적인 성향을 키울 수 있을까요?

심리학에서 윤리나 이타성의 구성 요소를 얘기할 때 빠트리지 않는 것이 바로 즉시적 만족감의 지연 능력입니다. 이 능력이 있어야 이타심이 생깁니다. 이타심이 있어야 기본적으로 타인과 공존이 가능하죠.

즉시적 만족감이란, 지금 배가 고프거나 목이 마를 때 내

것이 아닌 음식이나 물을 빼앗아서라도 이 허기와 갈증을 당장 해소해야 하는 것을 말합니다. '10분만 기다리면 당신은 음식과 물을 받을 수 있습니다'라는 말을 들었을 때 기다릴 수 있으면 지연 능력이 있는 것이겠죠. 반면 그 10분이 1시간처럼 느껴지고 그래서 결국 남의 것을 빼앗는 지경에까지 이른다면 지연 능력이 없다고 볼 수 있습니다. 따라서 자신의 욕구가 충족될 때까지 기다릴 수 있다는 것은, 이타성, 협동 능력, 공존에 굉장히 중요한 요소라고 할 수 있습니다.

그렇다면 자녀를 이타성이나 공존 능력이 뛰어난 사람으로 키우려면 어떻게 해야 할까요? 자녀를 둔 부모님들은 아이들이 배고프다고 할 때 어떻게 하십니까? 아마 대부분 하던 일이 있거나 바쁜 와중에도 열일 제쳐두고 부지런히 부엌으로 달려갈 겁니다. 배고프다고 하면 바로 밥을 차려주고 목마르다고 하면 바로 물을 떠다 대령합니다. 자식을 사랑하고 좋은 부모가 되고 싶기 때문에, 내 자식이 행여 배고플까 목마를까 걱정되어 가만히 있을 수 없는 것이죠.

그러나 이럴 때 기다렸다는 듯 아이의 요구를 들어주는 일이 반복되다 보면, 아이는 기다리는 법을 배우지 못합니다. 아이가 배고프다, 목마르다, 장난감 갖고 싶다 할 때 부모님들이 하던 일을 내팽개치고 즉시 원하는 것을 만족시켜주면, 아이는 이 즉시적 만족감을 지연시킬 수 없는 아이가 됩니다. 우리 부모님들이 무심결에, 아이를 사랑하는 마음에서 하는 이 사소한 행동들은 사실 굉장히 위험한 양육 방법일 수 있습니다.

이럴 때는 "엄마가 하던 일이 있으니까 이것만 끝내고 해줄게"라고 말하면서 처음에는 10분을 기다리는 연습을 하면, 아이는 이제 1시간, 1주일, 1년을 기다릴 수 있는 사람으로 성장할 것입니다. 나이가 들면 들수록 원하는 것을 즉시 만족시킬 수 있는 경우는 점점 드물어집니다. 따라서 어릴 적부터 시간을 제어하고 참아내는 훈련을 해야 21세기형 인간에 필요한 이타성, 협동 능력, 공존성 같은 역량이 뿌리를 내릴 수 있습니다.

우리나라 부모님들만큼 자식에게 헌신적인 분들도 없죠. 그래서 자식들이 커가면서 관계가 멀어지면 '내가 너한테 어떻게 했는데, 네가 해달라는 것 다 해줬는데, 어떻게 네가 나한테 이럴 수 있냐'라며 많은 분들이 서운함을 토로하기도 합니다. 어쩌면 자식이 해달라는 것을 즉각 다 해주었기 때문에, 자식은 점점 부모의 헌신을 당연한 것으로 받아들이고 고마운 줄 모르게 되는 것일 수 있습니다. 반면 부모는 '내가 너에게 이만큼 했으니 너도 나에게 그만큼 해라'라는 마음이 들게 마련이죠. 자녀의 요구를 바로 들어주지 않는다고 덜 사랑하는 게 아닙니다. 조금 기다려주고, 기다리게 해도 괜찮습니다.

그렇지만 아이들 인내심을 길러주겠다고 무조건 기다리게 하는 건 옳지 않습니다. 그냥 기다리라고만 하면 아마 대부분의 아이들이 짜증을 낼 겁니다. 설명하는 게 어렵고 아이들을 설득하기 힘들다는 것을 알지만, 그래도 왜 기다려야 하는지를 차근차근 자세하게 설명해줘야 합니다. "아빠가 이 일을 다 끝내고 네가 원하는 걸 해줄 거야" 혹은 "지금 우리 앞에 다른 손님들이 많으니까, 저 사람들 음식이 나온 다음에 우리 차례야"라고 말해주는 거죠.

이렇게 말해주는 것도 좋지만, 사실 더 좋은 방법은 부모님이 직접 행동으로 보여주는 겁니다. 무작정 '기다려라, 인내심을 길러라'라고 얘기하는 것보다 부모님 스스로가 이타적인 행동, 인내심 있는 모습을 일상 속에서 꾸준히 보여주는 것이 더 효과적입니다. 그럼 아이들은 '아, 이렇게 조금만 참고 기다리면 내가 원하는 걸 얻을 수 있구나' 하고 자연스럽게 납득할 수 있게 될 겁니다.

더불어 아이들이 이분법적 사고에 갇히지 않도록 해줘야 합니다. 즉 세상에는 좋은 것과 나쁜 것, 나를 좋아하는 사람과 싫어하는 사람만 있는 게 아니라는 것을 알려줘야 합니다. 내가 아는 사람 10명이 있다면, 그중에 나를 좋아하는 사람은 몇 명이고 싫어하는 사람은 몇 명일까요? 예를 들면 대인관계가 원만하고 좋은 사람들은 자기를 좋아하는 사람이 많다고 느낄 것이고, 내성적이거나 자존감이 부족한 사람들은 자기를 싫어하는 사람이 많다고 느낄 수 있습니다.

그러나 아마도 대부분은 10명 중 한두 명은 나를 좋아하고, 또 한두 명은 나를 싫어할 겁니다. 나머지는 나에 대해 생각보다 무관심하거나 특별한 감정을 갖고 있지 않은 경우가 많을 거예요. 스스로가 타인을 어떻게 느끼는지 반대로 생각해보면 쉽게 알 수 있을 겁니다.

어린 나이에는 다양한 사고가 아직 자리 잡지 못했기 때문에 나를 좋아하는 사람, 아니면 싫어하는 사람 이렇게 이분법적으로만 생각할 수 있습니다. 그러므로 사람이 느끼는 감정의 스펙트럼은 넓고, 대신 '나를 좋아해주는 사람이 많았으면 좋겠어'라고 생각할 수 있도록 도와줘야 합니다. 그러려면 성공의 경험도 실패의 경험도 둘 다 필요한 것이죠. 성공만 해본 사람은 모두가 날 좋아할 거라는 자가당착에 빠질 수 있고, 반대로 계속 실패하기만 한 사람은 모두가 날 싫어할 거라는 열패감에 빠질 수밖에 없을 겁니다.

또한 자녀에게 습관적으로 '너는 최고야'라고 말하는지 '너는 안 돼'라고 말하는지 스스로를 한번 관찰해보세요. 요즘 부모님들은 아이들 자존감의 중요성을 잘 아시기 때문에 '너는 안 돼'라고 말하는 분들이 그리 많지 않으리라 생각되지만, '너는 최고야'라고 습관적으로 말하는 것도 아이를 나르시시스트로 만들 위험이 있다는 점을 명심해야겠습니다. 중요한 것은 적절한 타이밍과 적절한 포인트에 하는 칭찬이라는 것, 잊지 마세요.

내 이웃에
사이코패스가 산다?!

지금까지 기발한 연구로 사람들을 놀라게 한 이그노벨상 수상 연구들을 알아보았는데요. 마지막으로 소개할 논문은, 아직 이그노벨상을 받지는 않았지만 앞으로 수상이 유력한 연구입니다.

앞서 소개한 플라세보 효과(위약 효과)처럼, 많은 연구자들이 다양한 분야에서 활발하게 연구하는 것이 바로 '소시오패스, 사이코패스'와 관련된 사실들입니다. 말만 들어도 기분이 오싹해지고 경계심이 들죠. 소시오패스, 혹은 사이코패스는 우리 주변에 꽤 많이 있습니다. 이런 사람들을 한눈에 구분할 수 있다면 좀 더 안전하게 살아가는 데 도움이 될 겁니다. 바로 이런 정보를 알려주는 연구가 있어서 소개하겠습니다.

하품을 따라 하지 않으면 사이코패스다?

논문 제목은 '옆 사람이 하품할 때 따라 하지 않는 사람은 사이코패스일 확률이 높다Contagious yawning and psychopathy' (2015)입니다. 요즘은 다양한 매체를 통해 사이코패스를 연구한 내용들이 많이 소개돼 있어서, 하품과 관련된 얘기를 한번쯤 들어본 분도 꽤 있을 겁니다.

이 논문의 저자는 미국 베일러대학교의 브라이언 K. 런들Brian K. Rundle, 바네사 R. 본Vanessa R. Vaughn, 매튜 S. 스탠퍼드Matthew S. Stanford 이렇게 세 사람인데, 그중에서 특히 매튜 S. 스탠퍼드는 '잠'을 연구하는 학자로 유명합니다. 사실 이 사람의 전공 분야는 '호프 앤드 힐링Hope and Healing'인데요. 심리학에서도 세부적으로 우울증, 의사결정, 언어 등을 전공하는 학자들은 많지만, 인간 삶의 3분의 1을 차지하는 '잠'을 연구하는 학자는 드문 편입니다. 스탠퍼드는 하품 연구도 많이 했지만, 특히 잠의 중요성을 강조했습니다. 그에 따르면 잠을 제대로 행복하게 자는 사람은 사이코패스나 소시오패스적 성향을 잘 보이지 않는다고 합니다. 잠을 충분히 행복하게 잘 수 있는 사회가 된다면, 이런 성향들을 훨씬 효과적으로 막아낼 수 있다고 보는 것이죠.

이 연구에서 실시한 실험을 간단하게 소개하자면, 연구는 기본적으로 사이코패스 성향의 사람들은 '공감 능력이 낮다'는 사실에 초점을 맞춰서 진행됐습니다. 그리고 결론적으로, 공감 능력이 낮은 사람은 다른 사람의 하품에 '전염'될 가능성이 낮다는 연구 결과를 발표했습니다. 먼저 135명의 참가자를 대상으로 사이코패스 성향을 측정하는 설문을 실시했습니다. '사이코패스 성격 목록Psychopathic Personality Inventory-Revised'이라는 이 설문은 '대담성 우세, 자기중심적 충동성, 냉담' 등의 하위 항목으로 구성됩니다.

첫째, 대담성 우세란 사회적·신체적으로 느끼는 불안이나 두려움의 수준이 보통 사람보다 낮은 것을 말합니다. 대부분이 걱정을 하는 상황에서 '그게 뭐 대수라고' '뭐 그런 걱정을 해'라면서, 불안이나 두려움의 수준이 보통 사람보다 낮은 모습을 보여줍니다. 둘째, 자기중심적 충동성이란 말 그대로 자기중심적인 성향이 강하고 타인에게 무례하며, 전통적인 가치를 업신여기고 비난하는 경향을 말합니다. 이런 사람들은 평소에 '왜 꼭 그렇게 해야 해?' '그런 걸 꼭 지켜야 해?'라는 말을 많이 합니다. 대표적인 예로 전직 미국 대통령 도

널드 트럼프를 들 수 있습니다. 마지막으로 냉담이란, 타인과의 관계에 무정하고 무감각하며 죄책감이 없는 성향을 말합니다.

이런 식으로 설문조사를 한 다음 이들에게 7~10초 정도 길이의 영상을 3가지 보여줍니다. 첫 번째는 사람이 하품하는 영상, 두 번째는 사람이 웃는 영상, 세 번째는 사람이 아무 표정도 짓지 않는 영상입니다. 이 영상들을 보면서 참여자들이 얼마나 하품을 하는지 하품의 빈도를 측정했습니다. 참여자가 진짜 하품을 했는지 더 정밀하게 측정하기 위해 눈 주위에 근전도EMG 센서를 붙여 눈 근육의 움직임을 살펴보았고, 전기 피부 반응GSR도 수집했습니다.

결과를 보면, 사이코패스 성향에 냉담 정도가 높은 사람들, 즉 주변 사람들과 공감을 잘 못하고 무관심한 사람일수록 옆 사람이 하품할 때 잘 따라 하지 않았습니다.

이 연구의 흥미로운 점은 의식적인 행동이 아닌 무의식적으로 나오는 하품을 사이코패스와 연결시켰다는 것입니다. 이와 관련해서 생각해볼 수 있는 것이 거울신경세포입니다. 거울신경세포는 인간이 행동을 배워가는 과정에 관여한다고 알려져 있죠. 인간은 모방을 통해 학습을 하기 때문에, 누군가의 행동을 그대로 따라 하면서 많은 것을 배웁니다.

그렇다면 전염성이 있는 하품도 결국 거울신경세포가 작

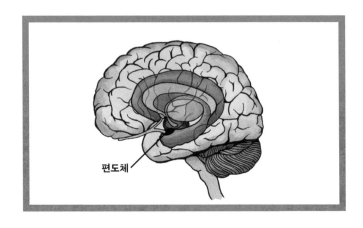

편도체

용한 게 아닐까요? 그런데 최근의 연구를 보면, 하품은 누군
가의 행동을 단순히 따라 하는 게 아니라 하품을 한 사람과
얼마나 공감하는지를 보여주는 것으로 해석할 수 있다고 합
니다. 실제 연구를 해보면 하품을 할 때 거울신경세포 체계
가 크게 활성화되지 않고, 우리의 정서를 담당하는 편도체
가 높게 활성화되는 것이 관찰됩니다. 즉 공감을 많이 할수
록 자연스럽게 하품을 따라 하게 되는 것이죠.

 '하품으로 공감 능력을 살펴본다'는 이런 연구 결과를 황
당하게 느끼는 분들도 있을 겁니다. 여기서 주목할 것은 그
만큼 '공감 능력'이라는 것이 사이코패스나 소시오패스를 연
구할 때 중요한 척도가 된다는 점일 것입니다.

사이코패스 vs. 소시오패스

먼저 사이코패스, 소시오패스 이 두 용어가 조금 헷갈릴 수도 있는데요. 인지심리학에서는 두 성향을 크게 구분하지 않기도 하지만, 임상심리학이나 상담심리학에서는 이 둘을 면밀히 구분합니다. 가장 기본적으로 선천적으로 타고나느냐 후천적으로 만들어지느냐에 따라 이 둘을 구분할 수 있는데, 사이코패스는 선천적이고 소시오패스는 후천적이라고 할 수 있습니다. 연구 결과 대부분이, 사이코패스는 상당 부분 그런 성향을 가지고 태어난다고 합니다. 반면 소시오패스는 일정 부분 타고나기도 하지만, 양육 환경이나 사회적인 분위기, 유년기의 사회·환경적 결핍 등 후천적인 요인을 무시할 수 없다고 말합니다.

사실 사이코패스나 소시오패스는 의학적 진단명으로는 잘 쓰이지 않고, 둘 다 거의 '반사회적 성격장애'로 진단할 가능성이 높습니다. 여기에 덧붙여 소시오패스는 '자기애적 성격장애'로 불리는 경우도 있습니다. 학술적으로는 이 둘을 명확히 구분하지 않지만, 개념적으로는 구분해서 사용하는 경우가 많다고 볼 수 있습니다. 또한 사이코패스를 판별하는 설문지는 소시오패스에게도 충분히 사용할 수 있습니다.

사이코패스는 충동적인 성향이 강하고 즉흥적이며, 두려

움 자체를 아예 못 느끼는 경향이 강하다고 많은 연구에서 이야기합니다. 쉽게 말하면, 사이코패스는 겉으로 티가 많이 나고 소시오패스는 그렇지 않습니다. 소시오패스는 지능이 무조건 높다고 단정 지을 수는 없지만, 정상적인 지능 혹은 그 이상의 지능을 가진 사람이 많습니다.

사이코패스는 독특한 어휘를 사용하는 특징이 있습니다. 매우 원시적인 수준의 언어를 사용하는 경향이 있죠. 이들은 무엇보다 기본적인 욕구에 훨씬 더 강하게 초점을 맞춥니다. 예를 들어 먹을 것, 성적인 것, 은신처에 집착하고, 사회적인 관계에는 크게 관심이 없습니다. 그래서 사이코패스 성향을 가진 살인자들에게 사람을 왜 죽였느냐고 물으면, (피해자가) "저 혼자 먹고 있더라고요"라는 식으로 대답합니다. 즉 상황은 전혀 고려하지 않고, 단순히 내 욕구를 충족시키지 못하는 상황을 참지 못하는 것이죠. 이처럼 사이코패스는 공감 능력과 죄책감이 결여되어 있고, 행동 통제력이 낮으며 극단적인 자기중심성을 갖고 있습니다. 보통 사람들은 이해하기 힘든 잔혹 범죄를 일으키기도 하죠.

소시오패스를 사이코패스와 비교해봤을 때 둘이 구별되는 가장 큰 특징 중 하나는, 소시오패스는 어느 정도 애착 형성이 가능하다는 점입니다. 모든 사람한테 그런 것은 아니고, 특정 대상이나 인물에게는 정상인 수준으로 애착을 형성할 수 있다고 합니다.

소시오패스는 유년기의 사회적 환경이 크게 좌우합니다. 여기서 유년기란 출생 직후의 유아기 및 아동기를 말합니다. 이렇게 성장 초기의 환경적 영향으로 소시오패스적 성향이 결정되거나 형성된다는 것이 많은 연구를 통해 밝혀진 사실입니다. 중요한 것은 사이코패스와 소시오패스 둘 다 기본적으로 공감 능력, 양심, 죄책감, 가책 같은 감정이 없거나 부족하다는 점입니다.

소시오패스가 말하는 법

사실 미디어의 영향으로 사이코패스에 대해서는 비교적 잘 알려져 있습니다. 영화 속에서는 주로 유전적인 요인을 통해 인물에 서사를 부여하기 때문에 사이코패스적인 측면이 강조되는 경우가 흔합니다. 이에 반해 소시오패스는 사이코패스만큼 잘 알려져 있지 않습니다.

이와 관련해 한 논문은 영화에 등장하는 사이코패스나 소시오패스 성향의 인물들을 분석했는데요. 제목은 '사이코패스 테스트를 이용한 영화 속 사이코패스 인물 분석Using the Psychopathy Checklist to examine cinematic portrayals of psychopaths'입니다.

논문에서는 〈데드풀〉〈나를 찾아줘〉〈노인을 위한 나라는 없다〉〈수어사이드 스쿼드〉〈다크나이트〉 등에 등장하는, 누구나 자연스럽게 떠올릴 법한 영화 속 악당들을 분석했습니다. 분석 결과 이들은 의외로 점수가 그렇게 높지 않았습니다. 즉 이들 모두가 사이코패스 판정을 받은 것은 아니었습니다. 이 중 사이코패스로 나온 것은 단 한 명, 바로 〈다크나이트〉의 '조커'였습니다. 조커는 충동적이고 잔혹한 사이코패스의 특징을 잘 구현한 캐릭터죠.

한편 소시오패스는 판단을 하기가 다소 까다롭습니다. 이 연구에 나온 것은 아니지만 소시오패스 성향의 캐릭터를 꼽아보자면, 〈슈렉〉의 '장화 신은 고양이'를 들 수 있습니다. 상대방의 동정심을 잘 이용하기 때문이죠. 원하는 반응을 끌어내기 위해서라면 어떤 상황에서도 표정 말, 행동을 자유자재로 구사할 수 있습니다.

소시오패스의 여러 가지 행동적 특징 가운데 요즘 많이 거론되는 것이 바로 '가스라이팅'입니다. 가스라이팅은 타인의 심리나 상황을 교묘하게 조작해 상대방이 스스로 자신을 의심하게 만들거나 상대방을 지배하려고 하는 행동을 말합니다. 소시오패스는 언어적인 가스라이팅 능력이 특히 탁월하다고 합니다. 혹시 주변에서 이런 말하는 사람을 본 적이 있으십니까?

"난 너한테 그렇게 말하지 않았는데, 넌 그렇게 들었어? 농담이었어."

"다 너 잘 되라고 그러는 거야."

"네가 옷을 그렇게 입고 다니니까 그렇지."

"거봐, 내가 말한 대로 하는 게 좋아."

소시오패스는 잘못을 지적하면 사과를 하기는커녕 자신에 대한 비난을 수용하지 않으려 합니다. 자신과 반대되는 의견에 강한 부정적 표현을 사용하고, 상대방 탓으로 돌리죠. 또 상대를 조종하기 위한 거짓말에 능합니다. 이런 말들은 교묘하게 '나'를 의심하게 하고 의존적으로 만듭니다. 그러면서 상대방이 자기 의견을 계속 받아들이게 하고, 오히려 '내가 너무 예민한가? 이 사람한테 잘못한 게 있나?'라는 착각에 빠지게 만듭니다.

또 이들은 동정심과 불안을 이용합니다. 자신의 불우한 가족사를 구구절절 늘어놓는다거나 힘든 이야기를 털어놓으면서 상대방의 연민을 자극합니다. 그러다 어느 날 갑자기 잠적하고 연락을 끊어서 상대방이 걱정하고 불안하게 만듭니다. 이렇게 불안을 이용해 상대에 대한 지배력을 강화하는 것입니다.

소시오패스 성향은 '그루밍'과도 매우 유사합니다. 그루밍은 상대방과 돈독한 관계를 형성해 호감을 얻는 등 심리적으로 지배한 뒤 성폭력을 가하는 행동입니다. 이 그루밍 역시 기본적으로 소시오패스들의 전법 가운데 하나죠. 사람의 측은지심, 동정심, 선한 양심을 교묘하게 이용하는 것이 특징입니다.

사이코패스도 위험하지만, 그에 못지않게 소시오패스를 판별하는 것도 중요합니다. 확률적으로는 소시오패스가 우리에게 더 큰 피해를 줄 수 있기 때문입니다. 최근의 연구를 보면, 소시오패스는 유년 시절의 '학대'보다는 '방임'에 더 큰 원인이 있다고 합니다.

그 대표적인 사례가 바로 다른 데서도 소개한 적 있는 루마니아에서 벌어진 아동에 대한 정서적 학대입니다. 루마니아의 독재자 차우셰스쿠가 악명을 떨치던 시절, 경제적으로 빈곤에 시달리던 탓에 정부는 고아원에 신생아가 들어오면 이들을 격리했습니다. 사람들과 접촉이 잦아지면 병에 걸리고 치료비가 든다는 이유 때문이었죠. 이 아이들을 아무도 못 만지게 하고 일체 접촉을 금지한 채 먹을 것만 챙겨줬어요. 이 아이들은 학대를 받았다기보다는, 안아주거나 달래주는 등의 인간적 교감이 없이 완전히 방임된 상태에서 성장했습니다.

이후 차우셰스쿠가 몰락하고 나서 이 아이들은 대거 미국으로 입양됩니다. 그런데 이 아이들이 매우 높은 빈도로 소시오패스적인 행동을 보였습니다. 고양이를 3층에서 떨어뜨린다거나, 부모 앞에서는 착한 아이처럼 행동하다가도 부모가 없을 때 형제자매들을 야구방망이로 가격해서 사망 직전에 이르게 하는 등 비정상적인 행동을 일삼았습니다. 이외에도 이 루마니아의 아이들은 다양한 소시오패스적 성향을 보였습니다.

심리학자들은 이 사례를 통해 많은 것을 깨달았습니다. 인간에게는 시각적, 청각적 감각도 중요하지만 촉각적 감각이 매우 중요하다는 것입니다. 신생아 때 부모 혹은 양육자의 촉각적인 행동, 즉 안아주는 것이 얼마나 중요하고 그런 경험이 결여되었을 때 인간이 얼마나 무서운 존재로 돌변할 수 있는가를 알게 된 것이죠.

미국이나 유럽에서는 100명 중 4명이 소시오패스로 나온다고 합니다. 그런데 대만의 경우는 100명 중 1명에 못 미칩니다. 아마 우리나라도 그럴 거라고 추정할 수 있습니다. 대만이나 우리나라 부모들은 아이를 많이 안아주거든요. 오히려 너무 많이 안아줘서 문제가 될 정도죠.

사이코패스든 소시오패스든 특별히 구분되는 특징 중의

하나가 냉담함, 무감정이라고 할 수 있습니다. 그런데 이런 행동은 학대의 경험에서 나오는 것이 아니라, 방임을 경험했을 때 보일 수 있습니다. 이런 사실은 입양아들을 대상으로 진행한 연구를 통해 확인할 수 있습니다. 생물학적인 부모가 사이코패스 혹은 소시오패스 같은 유전적 소인을 갖고 있을 때, 이들의 자녀를 입양한 아이들을 양부모가 어떻게 양육했는지에 따라 이 아이들이 바뀔 수 있는가를 연구한 것입니다. 생후 18개월, 27개월 등 아주 어린 아기들을 대상으로 연구를 실시했고, 이들을 입양한 부모는 아기들을 따뜻하게 안아주고 돌봐주고 관심을 쏟았습니다. 그랬더니 생물학적인 부모가 유전적 소인을 갖고 있었음에도 그 자녀들은 사이코패스나 소시오패스적 성향이 확연하게 떨어졌습니다.

사이코패스 진단법

여기서 사이코패스 척도를 한번 알아보겠습니다. 바로 캐나다의 범죄심리학자 로버트 헤어Robert D. Hare 박사가 고안한 테스트인데요. 우리나라 버전으로 개정된 것도 있습니다. 총 20개 문항을 읽고 자신의 생각을 0 전혀 그렇지 않다, 1 조금 그렇다, 2 정말 그렇다 이렇게 점수를 매기면 됩니다.

말을 잘하거나 매력적인 외모를 갖고 있다.	⓪ ① ②
자기 자신을 지나치게 중요하다고 생각한다.	⓪ ① ②
자극이 많이 필요하고 쉽게 지루함을 느낀다.	⓪ ① ②
병적으로 거짓말을 일삼는다.	⓪ ① ②
교활하고 남을 잘 조종한다.	⓪ ① ②
후회나 죄책감을 느끼지 않는다.	⓪ ① ②
깊은 감정을 느끼지 못한다.	⓪ ① ②
냉담하고 공감 능력이 부족하다.	⓪ ① ②
기생충처럼 남에게 빌붙어 산다.	⓪ ① ②
자신의 행동을 잘 조절하지 못한다.	⓪ ① ②
상대를 가리지 않고 문란한 성생활을 한다.	⓪ ① ②
어릴 적부터 문제행동을 저질렀다.	⓪ ① ②
장기적인 목표가 현실적이지 못하다.	⓪ ① ②
충동적이다.	⓪ ① ②
무책임하다.	⓪ ① ②
자신의 행동을 책임지려 하지 않는다.	⓪ ① ②
결혼생활이 짧게 끝나고 그런 일이 반복된다.	⓪ ① ②
과거에 비행청소년이었다.	⓪ ① ②
조건부 가석방이나 유예가 취소된 적이 있다.	⓪ ① ②
여러 범죄에 두루 능하다.	⓪ ① ②

모든 질문에 대한 답의 점수를 합산한 것이 40점에 가까울수록 보통 사이코패스적 성향이 높다고 해석합니다. 참고로 연쇄살인마 유영철의 점수가 38점이 나와서 항간에 이슈가 된 적이 있었죠.

10가지 질문으로 구성된 또 다른 테스트도 있습니다. 각 질문에 대해서 일반인과 사이코패스의 답은 확연한 차이를 보입니다. 몇 가지만 살펴보면 첫 번째 질문은 "당신은 도둑이다. 당신이 집을 털고 있는데 집주인이 잠에서 깨어 당신 얼굴을 본 뒤, 당신이 보는 앞에서 문이 잠기지 않은 옷장 속에 숨었다. 당신에게 칼이 있다면 어떻게 죽일 것인가?"입니다. 대부분의 사람들은 옷장 문을 열고 칼을 사용한다거나, 옷장을 창밖으로 던진다고 답합니다. 반면 사이코패스는 숨어 있는 사람이 옷장에서 나올 때까지 그 앞에 앉아서 기다린다고 합니다.

두 번째 질문은, "산타클로스가 남자아이에게 축구공과 자전거를 주었다. 그런데 아이는 좋아하지 않는다. 왜일까?"입니다. 보통은 아이가 이미 축구공과 자전거를 갖고 있어서 다른 것을 원하기 때문이라고 말합니다. 그런데 사이코패스는 아이에게 다리가 없기 때문이라고 답하죠.

세 번째는 "당신 앞에 당신이 죽여야 할 원수가 낭떠러지에서 겨우 나뭇가지 하나에 매달려 목숨을 부지하고 있다. 당신은 원수의 손을 어떤 방법으로 움직여서 원수를 낭떠러지 밑으로 떨어뜨리겠는가?"라는 질문입니다. 일반인들은 손을 발로 밟거나 나뭇가지를 부러뜨린다고 답하지만, 사이코패스는 손가락을 하나씩 떼어서 희열을 느끼며 죽인다고 합니다.

네 번째 질문은 "당신이 집에 혼자 있는데 벨이 울려 나가보니 택배 배달원이 칼을 들고 서 있다. 당신은 어떻게 하겠는가?"입니다. 이런 상황에서는 대개 문을 닫거나 도망간다고 하는 게 상식이죠. 그런데 사이코패스는 칼을 빼앗아 택배 배달원을 찌른다고 답합니다.

사이코패스의 답변을 잘 살펴보면 몇 가지 공통된 특징이 드러납니다. 바로 신체에 대한 존중이 없고 사람을 도구로 사용하며 무감각하고 공감 능력이 떨어진다는 것입니다. 심지어 상대방의 고통에서 쾌감을 느끼기 위해, 사람을 죽일 때도 그냥 죽이는 게 아니라 즐기면서 살인을 저지른다는 거예요. 이런 성향은 사이코패스에게만 있을까요? 사실 정도의 차이일 뿐 이런 기질은 우리에게도 조금씩은 있습니다. 앞의 테스트를 통해 우리 자신을 한번쯤 되돌아볼 기회로 삼는 것도 좋겠죠.

과거에, 언론인이자 교육자인 고故 이어령 교수님이 '성냥

팔이 소녀는 왜 죽었지?'라는 제목으로 강연을 한 적이 있습니다. 이 질문에 대부분은 소녀가 굶주리고 추위에 떨다가 얼어 죽었다고 답할 겁니다. 하지만 이어령 교수님은, 소녀가 성냥을 다 팔지 못하고 집으로 돌아가면 소녀를 학대하는 못되고 나쁜 아버지가 있기 때문에 집에 들어가지 못했고, 그래서 죽은 것이라고 설명했습니다.

우리는 어떤 사람이 고통을 겪고 있을 때 그 고통의 근본을 보지 못하고 피상적으로만 판단합니다. 이런 것을 보면 우리 역시 공감 능력이 떨어지는 사이코패스적 성향이 전혀 없다고는 할 수 없겠죠. 따라서 이런 테스트를 그저 흥밋거리로만 할 게 아니라, 우리에게도 저런 측면이 있지 않을까 반성하고 자신을 돌아보는 계기로 삼아야 하지 않을까요.

문제는 공감 능력

사이코패스와 소시오패스의 차이를 논할 때 빠지지 않는 것이 바로 '공감 능력'입니다. 둘 다 공감 능력이 크게 떨어지지만 사이코패스는 남의 공감을 이용하는 능력조차 없습니다. 소시오패스는 애니메이션 〈슈렉〉에 등장하는 '장화 신은 고양이'처럼 측은한 눈빛으로 상대방에게 보호본능을 일으키는 표정을 지어서, 불쌍하고 보호해주고 싶은 마음이 들게 합니다. 특히 내가 뭔가 필요할 때는 수단과 방법을 가리지 않죠. 이처럼 소시오패스는 스스로는 공감 능력이 떨어지지만, 남의 공감 능력을 이용하는 재주는 비상해서 어쩌면 더 악랄하다고 말할 수 있습니다.

사람들은 대부분 사이코패스나 소시오패스가 후회를 하지 않는다고 알고 있는데, 그렇지 않습니다. 이들도 후회를 합니다. 게임을 했는데 졌다면, '내가 잘못해서 졌어. 이렇게 하지 말고 다른 방법을 써볼걸' 하며 후회한다는 거죠. 그런데 여기서 일반인과 두드러진 차이점이 있습니다. 보통 사람들은 후회를 하고 나면 다음에는 다른 방법을 써봅니다. 그러나 이들은 후회를 하면서도 자신이 써온 방식을 또다시 반복합니다. 행동이 변하지 않는 것이죠. 이들을 일반인과 구별할 때 중요한 것은 후회를 하느냐 안 하느냐가 아니라, 후회를 한 다음 행동의 변화가 있느냐 없느냐입니다.

예를 들어 술만 먹으면 폭력을 휘두르는 사람이 있습니다. 이 사람은 술이 깨고 나면 후회를 하고 용서를 구하지만, 다음에 또 술을 먹고 폭력을 행사합니다. 물론 누구나 실수는 할 수 있습니다. 실수를 뉘우치고 후회한 다음, 다시는 같은 실수를 반복하지 않는 것이 정상인의 삶이죠. 따라서 후회를 하고도 행동의 변화가 없다면, 그 사람에 대해 다시 생각해봐야 합니다.

또한 2019년에 나온 '나쁜 상사 밑에서 일하는 나쁜 직원은 행복할까Are 'bad' employees happier under bad bosses?'라는 논문은, 사이코패스 성향을 가진 직원은 괴팍하고 직원을 막 대하는 상사 밑에서 오히려 우수한 수행을 보인다는 연구 결과를 보여줍니다. 사이코패스 성향의 직원은 괴팍한 상사의 지시에 상대적으로 화를 덜 내고 오히려 긍정적으로 생각하는 경향이 있어 업무에 더 몰입하는 모습을 보일 수 있다고 합니다. 이를 뒤집어 해석해보면 괴팍한 상사는 조직에 해를 가할 가능성이 높은 직원에게 과도한 권한을 부여할 가능성이 있다는 의미이기도 합니다.

사실 요즘 회사에서 실시하는 압박 면접도 그리 좋다고 볼 수는 없습니다. 압박 면접이란, 사람에게 수치심을 주었을 때 그 상황을 잘 버텨내는 사람을 뽑겠다는 것인데, 그것이 과연 좋은 사람을 뽑는 적절한 방법인지는 의문입니다.

상대방의 행동, 선의인지
소시오패스적 행동인지 헷갈린다면?

소시오패스적 성향이 있는 사람들을 판단할 때는 '거절'

을 한번 해보는 게 좋습니다. 내가 힘들어서 더 이상 못하겠다고 했을 때 내 의사를 존중하고 받아들이는지, 아니면 내 동정심을 더 적극적으로 자극하면서 나를 이용하려는 잔재주를 부리는지 눈여겨봐야 합니다. 이처럼 굉장히 착취적 성향이 강한 소시오패스는 수치심이나 창피함을 못 느끼기 때문에 내 거절을 무시하면서 매우 전략적으로 불쌍한 척을 합니다. 이런 사람들은 소시오패스 중에서도 아주 질 나쁜 축에 속한다고 볼 수 있습니다.

우리 사회에 이런 사람들이 많아질수록 위험할 수 있습니다. 따라서 이런 사람들이 많아지지 않도록 막는 것도 굉장히 중요한 일이죠. 이와 관련하여 매우 흥미로운 일화가 하나 있습니다. 미국 UC어바인대학교의 제임스 팰런James Fallon 교수는 사이코패스의 뇌를 연구하는 뇌신경과학자입니다. 그는 연구 중에 전형적인 사이코패스의 뇌 자료를 발견했는데, 그것이 자신의 뇌 사진이라는 것을 알고 큰 충격에 빠집니다. 조사를 해본 결과, 자신의 부계 혈통 쪽으로 사이코패스 성향의 잔혹한 살인자가 7명이나 있다는 것을 알게 됩니다. 그는 그러한 유전적 소인을 엄청나게 많이 가지고 태어난 것이죠.

그런데 이런 사실을 진작에 알고 있었던 팰런의 어머니는 '정적 강화positive reinforcement'를 통해 팰런을 양육했습니다.

즉 팰런이 어떤 일을 잘했을 때 무조건 칭찬을 한 것이 아니라, 그 특정 행동에 대해서만 긍정적인 피드백을 주고 그렇지 않을 때는 피드백을 주지 않았습니다. 이처럼 정적 강화란, 특정 행동을 했을 때 긍정적인 자극을 주어 그 행동을 더 많이 더 자주 하게 유도하는 방법입니다.

우리는 대개 아이에게 무조건 잘했다고 칭찬하고 최대한 아이의 마음에 공감해줘야 한다고 생각하지만, 그런 무조건 적인 반응은 오히려 역효과를 낼 수 있습니다. 팰런의 사례 에서도 볼 수 있듯이, 정적 강화를 바탕으로 한 칭찬은 유전 적으로 강력한 사이코패스 소인을 지닌 사람이 정상적인 삶 을 영위할 수 있도록 만들어준 핵심 전략이었습니다. 여담이 지만, 팰런 교수는 할아버지가 되었어도 사이코패스적 성향 이 여전히 남아 있다고 합니다. 손자와의 게임에서도 지고는 못 배기는 성격이라고 하니까요.

공감 능력을 키우는 법

사이코패스 혹은 소시오패스가 되는 걸 막는 또 다른 방 법은 공감 능력을 키우는 것입니다. 우리 대부분은 자신이 공감 능력이 높고, 남에게 공감을 잘한다고 쉽게 이야기합니다. 과연 진짜 우리가 공감을 잘할까요? 한번 생각해봅시다.

예를 들어 친구가 애인과 헤어져서 마음이 아프다고 합니다. 그럴 때 옆에서 '그래, 네 마음이 아프구나' 이런 말은 AI도 할 수 있습니다. 이것은 사실 가장 낮은 단계의 공감이라고 할 수 있는 인지적 공감이죠. 그보다 한 단계 높은 공감은 정서적 공감입니다. '네 마음이 아프니까 내 마음도 아프다'라는 공감. 여기까지도 AI가 할 수 있는 수준입니다. 인간만이 할 수 있는 공감은 이런 수준을 넘어선 진정한 의미의 공감, '공감적 개입'이라고 할 수 있습니다. 그것은 '그러니까 나와. 술 한잔하자'라는 말이고, 옆에서 같이 울어줄 수 있는 행동이죠. 즉 공감은 마음이나 말로만 하는 것이 아니라, 반드시 행동으로 옮길 수 있어야 합니다.

엄마가 명절에 하루 종일 음식 준비를 했다거나 일하러 갔다 와서 힘들다고 할 때, 아이가 그저 말로만 "엄마 많이 힘드셨죠. 엄마가 힘드니까 내 마음도 힘들어요"라고 하는 것에서 그치게 하면 안 됩니다. "엄마가 힘드니까 한번 안아줄래?"라고 하면서 그 공감을 행동으로 표현하게 하는 것, 이것이 바로 진정한 의미에서 공감 능력을 키우는 방법입니다. 또한 사이코패스와 소시오패스가 되는 것을 막아주는 아주 좋은 방법이라고 할 수 있습니다.

아이가 힘들어하면 엄마가 안아주는 것이 일상적인 풍경

입니다. 그런데 엄마도 아이에게 힘들다는 것을 표현하는 게 좋습니다. "엄마도 힘들어. 그러니까 좀 안아줘." 이렇게 했을 때 공감을 훨씬 더 양방향에서 경험할 수 있습니다. 부모들은 자식에게 힘든 것을 표현하지 않으려 하는데, 그것만이 능사는 아닌 것 같습니다(단, 사춘기 자녀를 둔 부모님들은 주의할 필요가 있습니다!).

외롭지 않아야
소시오패스를 피할 수 있다

소시오패스를 피하거나 나에게 다가오는 걸 막을 수 있는 방법도 있습니다. 실제로 소시오패스에게 피해를 당하는 사람들을 보면 대개 착하고 성실한 사람들이 많습니다. 이들의 또 한 가지 공통점은 외롭다는 것입니다. '외로움'은 항상 안 좋은 결과를 만들어냅니다. 외로움을 견디다 못해 나쁜 관계로 도피하게 되기 때문입니다. 그래서 나를 외롭지 않게 만드는 것이 무엇보다 중요합니다.

안타깝게도 우리는 외로움을 달래는 법을 잘못 알고 있습니다. 혈육처럼 모든 것을 공유할 수 있는 사람이 옆에 있어야 외롭지 않다고 생각하죠. 그러나 실제로는 그렇지 않습니다. 나와 모든 것을 공유할 수 있는 사람이 5명 있다고 해봅시다. 그중 3명이 세상을 떠나거나 어떤 이유로 나와 결별하면 나는 외로움을 느끼게 될 겁니다.

그래서 대도시에 많은 사람들이 모여 사는 현대사회에서는 혈육처럼 끈끈한 정을 나누고 모든 것을 헌신하는 가족 같은 친구보다는, 좀 멀리 떨어져 살고 자주 만나지는 못해도 언제든 솔직하고 즐거운 대화를 나눌 수 있는 '느슨하지만 넓은 관계'가 필요합니다. 제가 다른 데서도 여러 번 강조했습니다. 1년에 한두 번 만나도 금방 마음을 열 수 있기 때문에 소소한 행복을 주는 여러 명과의 약간 성긴 관계가 정신 건강에도 훨씬 더 좋고, 나를 덜 외롭게 만든다는 것이 여러 연구를 통해 밝혀지고 있습니다.

밥도 같이 먹고 영화도 같이 보고 술도 같이 마시고 여행도 같이 가는, 이렇게 모든 일을 함께하는 관계는 원시부족 공동사회에서나 유효한 방식입니다. 이제는 이런 관계에서 벗어나, 조금은 느슨하더라도 나와 소소한 행복감을 나누는 여러 관계를 내 주위에 두는 것이 더 좋은 방법이 아닐까 합니다.

행복과 관련한 심리학 연구를 보면 한결같이 비슷한 이야기를 합니다. 행복은 크기가 아니라 빈도라고요. 약간 떨어져 있는 좋은 관계들을 두루두루 챙기면서 빈도를 높이는 것이 가장 중요합니다. 외롭지 않은 사람은 절대 소시오패스에게 당하지 않습니다. 외로운 사람이 소시오패스의 먹잇감이 되는 것이죠.